ベターホームの
和食の基本

和食には、
和の食材ならではの扱い方、
和の料理ならではの
切り方、火の通し方、味のつけ方、
盛りつけ方があります。
たくさんある和食のコツを
五七五で、楽しく覚えましょう。

和食の基本

煮もの

主菜になる煮もの

副菜に向く煮もの

季節においしい煮もの

焼きもの 生もの

目次マークの見方

●は主菜になるもの、▲は副菜に向くものです。両方あるものは、分量やとり合わせによって、どちらにも使えます。

本書の表記について

・大さじ1は15㎖、小さじ1は5㎖、カップ1は200㎖、米用カップ1は180㎖（1合《ごう》）です。計量のしかたはP.122をごらんください。なお㎖＝ccです。
・電子レンジは500Wのめやす時間です。
・献立例は、主菜と副菜の例が主です。ごはん、汁ものと合わせて「一汁三菜」（P.6）にすると、バランスがとれます。
・グリルは片面焼きを使い、予熱の要・不要は取扱説明書に従います。両面焼きの場合は、途中で返しません。

料理研究／ベターホーム協会
川瀬敦子
栗原聰美
橋本知子
撮影／大井一範
扉絵／Pantaya

和の味は だしのうまさが 決め手です

だしをとる

おいしい和食を作るには、だしが欠かせません。〝だし〟とは、湯や水に魚肉や野菜、海藻などのうま味を溶け出させたものです。

和食のだしの主な材料は、こんぶ、かつおぶし(けずりかつお)、煮干し。こんぶに多いグルタミン酸や、かつおぶしや煮干しに含まれるイノシン酸が、うま味の素になっています。

覚えて便利なめやす

「かつおだしの割合は
水カップ1に、けずりかつお2～4g」

＊写真の手にしている量が４ｇです。

こんぶとかつおのだし

*吸いものから煮ものまで使える上等だし

■基本分量（できあがり量約カップ2½）

水カップ３　こんぶ５ｇ　けずりかつお10ｇ

❶こんぶは、表面についている白い粉もうま味の成分なので洗いません(汚れは乾いたふきんでさっとふきます)。分量の水にこんぶをつけ、30分おくとうま味が溶け出します(a)。

❷鍋を火にかけ、沸とう寸前にこんぶをとり出します（b）（煮すぎると、ぬめり成分や、こぶくささが出ます）。

❸あとは、かつおだしの作り方と同様です(c)。すまし汁用などには、ざるにふきんやペーパータオルを敷いて、きれいにこします。

a

b

c

かつおだし

*汁ものや煮ものにふだんに使えるだし

■基本分量（できあがり量約カップ2¾）

水カップ３　けずりかつお10ｇ

❶湯をわかし、沸とうしたらけずりかつおを入れ(a)、再び沸とうしたら、火を止めます(b・けずりかつおは水から煮ると、生ぐさみが出ます)。

❷１～２分おき、目の細かいざるでこします(c)。魚くさくさが出るので、だしがらはしぼりません。

a

b

c

「一番だし」と「二番だし」

上記のようにとったかつおだしや、こんぶとかつおのだしを、「一番だし」と呼びます。このだしがらに、一番だしのときの約半量の水を入れて２～３分煮たものが「二番だし」。うま味や香りは劣りますが、煮ものやみそ汁には充分使えます。

「濃いめのだし」

けずりかつおを入れてから弱火で２分ほど煮ると、濃いめのだしがとれます。味の濃い煮ものなどに使います。

煮干しだし

*うま味が強く、魚の香りもあります。みそ汁や煮ものに。

■基本分量（できあがり量約カップ２½）

水カップ３　煮干し20ｇ

❶煮干しは頭とはらわたをとり、身を縦２つに裂きます（a）。分量の水に20～30分つけて、うま味を引き出します(b)。

❷弱めの中火にかけて、ゆっくり沸とうさせ、沸とうしたら弱火にし、２～３分煮て、アクをすくいます(c)。こします(d)。

a

b

c

d

かつおだしを少量とる方法

*食事のしたくは、まずだしをとることからはじめます。少し余分にとれば、料理と汁ものに使い回せます。もし、少量だけ作りたい場合は以下のようにします。

●水カップ¼に対して、けずりかつお１ｇをめやすに作ると、大さじ２～３のだしがとれます。鍋で２分ほど煮出すか、器に入れて電子レンジに約１分かけてひと煮立ちさせ、茶こしでこします。

*材料のこと

【けずりかつお】かつお、さば、むろあじや、それらの混合があります。かつおだけのものは上品な味で、吸いものに向いています。混合は複雑なうま味で、煮ものなどに使います。保存は、密閉して冷凍庫で１～２か月。

小さなパック詰めの細かいけずりかつおは、おひたしの飾りなどに使い、だし用には向きません。細かい分、香りがたりません。

【こんぶ】だし用のこんぶは肉厚。早煮こんぶは料理用で、だしには向きません。こんぶは５㎝か10㎝にはさみで切っておくと便利です。密閉して保存します。

和献立 一汁三菜《いちじゅうさんさい》 知恵生かし

和食の献立作りのコツ

一汁三菜ということばがあります。ごはんと、1つの汁、3つのおかずの献立をいいます。日ごろの献立を立てるとき、この考え方はたいへん重宝します。

「三菜」は、「魚や肉などの主菜」と「野菜などの副菜2品」と考えるとよく、3品の中でバランスをとるようにします。写真のような1人分の配膳を頭に描くと、分量も見当がつき、きちんと満足のいく和の食卓が作れます。

コツ

一、まず主菜を決める

主菜の料理(材料、味つけ)を決めれば、副菜の材料も決まってきます。主菜に肉や魚を使えば、副菜は野菜を必ず入れるようにし、とうふや海藻、豆なども折々に使いましょう。

二、味と、調理の重複を避ける

主菜の味に応じて、「甘い、からい、すっぱい」など副菜は味を違えるようにします。「煮る、焼く、あえる」といった調理法も違えると、料理の温度などの食感にも変化がつきます。また、火口の重なりも防げて、スムーズに調理が進みます。

三、季節の食材を使う

旬の食材は、おいしくて、栄養価も高く、安上がり。積極的に使いましょう。季節の香り(P.70)を添えれば、食欲も増します。

写真の配膳例

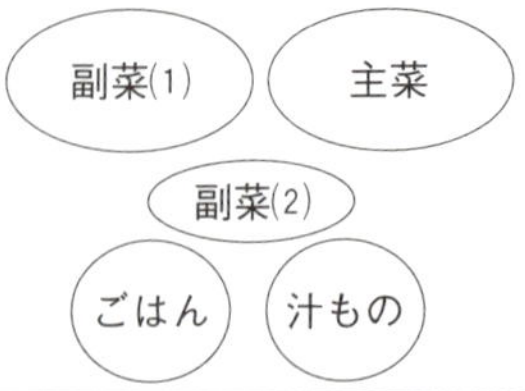

＊「ごはんは左、汁は右」は和食の配膳の決まりです。間に副菜(2)(軽い)をはさんで、向こうに主菜と副菜(1)(やや重い)を置きます。

＊一汁三菜の配膳は、室町時代に始まった本膳料理を中心に、懐石料理などが影響し合ってできました。食べやすさ、所作の美しさなどを考えながら生まれたもので、食卓に生かしたい知恵です。

煮もの

筑前《ちくぜん》煮

炒《いた》めて煮るからコクが出る

筑前煮

コツ

一、材料をいためてコクを出す

野菜をいためると、コクが出て、うま味が増します。野菜に油がまわってから肉を加えると、肉が鍋につきにくくなります。

二、乱切りで味をしみやすく

乱切りは断面の面積が広いので、煮汁に接する面が多く、味がよくしみます。

三、落としぶたは欠かせない

落としぶたをすると、煮汁が少なくても、ふたにあたって全体に煮汁がいきわたるため、こっくり煮えます。なければ、アルミホイルを丸く切り、空気穴をあけてのせます。

四、最後は強火で煮つめてつやを出す

じっくり煮たあとは、火を強めて汁を煮つめるのがポイント。つやよく仕上がります。

■〝筑前煮〟 もとは福岡地方（筑前）の郷土料理から。いためるので「炒《い》り鶏《どり》」ともいいます。

■材料　４人分

とりもも肉…………200ｇ
　酒……………小さじ１
干ししいたけ………２個
にんじん….小½本（80ｇ）
ゆでたけのこ…….100ｇ
ごぼう…….½本（100ｇ）
れんこん…………100ｇ
こんにゃく…½枚（100ｇ）
さやえんどう……約10枚
ごま油…………大さじ１

〈煮汁〉
だし＋しいたけのもどし
　汁…………カップ１
砂糖…………大さじ１
みりん………大さじ１
しょうゆ…….大さじ２
酒……………大さじ２

１人分207kcal、塩分1.5g

下ごしらえ

❶**干ししいたけ**…カップ⅓の水に30分ほどつけてもどします（急ぐ場合は、ぬるま湯で約15分）。軸を除き、２～４つのそぎ切りにします。もどし汁はとりおき、だしと合わせてカップ１にします。

とり肉…３㎝角に切って、酒をまぶしておきます。

にんじん、たけのこ、ごぼう、れんこん…それぞれ皮をむき、ごぼうは皮をこそげ（→P.33）、ひと口大の乱切りにします（ａ）。ごぼう、れんこんは変色しないように、それぞれ水に２～３分さらし、水気をきります。

こんにゃく…２～３㎝幅の棒状に切ってから、ひと口大に手でちぎります。熱湯でさっとゆで、くさみをとります。

さやえんどう…筋をとり、さっとゆでます。

いためて煮る

❷鍋にごま油を入れて熱し、野菜（さやえんどう以外）、しいたけ、こんにゃくを入れて、強火でいためます（ｂ）。油が全体にいきわたったら、とり肉を加えていためます。

❸煮汁の材料を加え、沸とうしたら、アクをとります（ｃ）。弱めの中火にし、落としぶたをして（ｄ）鍋のふたをずらしてのせ、15～20分煮ます。

❹煮汁が少なくなったら、ふたを両方とり、火を少し強め、全体を大きく混ぜるか、鍋をゆすって上下を返します。煮汁がほぼなくなるとつやも出てきます。

盛りつける

❺鉢にこんもりと盛りつけます。さやえんどうを飾ります。

■献立例

筑前煮
さしみP.56
浅漬けP.86

冬

ぶりだいこん

ぶりを霜降り
くさみ抜き
ぶりだいこん

コツ

一、さっと湯に通して、ぶりの生ぐさみをとる

ぶりは、煮る前に熱湯をかけるか、さっと湯に通します。表面が白く霜が降ったようになるので、「霜降り」といいます。霜降りにすると、表面のくさみがとれてうま味も逃げず、煮くずれしにくくなります。

二、砂糖から味をつける

大ぶりに切っただいこんは、やわらかくなるのにも、味を含むのにも、長く時間がかかります。こんな場合は、塩やしょうゆよりも、砂糖を先に入れたほうが、甘味をよく含みます。砂糖のほうが、味がしみこみにくいからです（→P.124）。また、砂糖は素材をふっくらとやわらかくさせます。

酒は、ぶりのくさみをとるので、はじめから入れます。

■材料　4人分

ぶりのあら…………400g
だいこん…… ½本（500g）
しょうが…… 1かけ（10g）

〈煮汁〉

水……………カップ2
こんぶ……………10cm
砂糖…………大さじ1
酒……………カップ½
みりん………大さじ2
しょうゆ……大さじ3

1人分303kcal、塩分2.0g

＊あらは、魚の頭、かま、身のついた中骨などのことで、骨からうま味が出ます。この料理には、切り身も使えます。寒ぶりといって、冬場のぶりは脂がのっておいしくなります。だいこんも年中ありますが、冬場がみずみずしく、甘くなる季節。ぶりだいこんは、秋冬におすすめの料理です。

■献立例

ぶりだいこん
だし巻き卵P.98
れんこんの梅肉あえP.83

a

b

c

d

e

下ごしらえ

❶**こんぶ**…鍋に煮汁の水を入れてこんぶをひたします。しんなりしたら、ひと口大に切って鍋にもどします（a）。

だいこん…2㎝厚さの半月切りか輪切りにして、皮をむきます。

しょうが…皮つきのまま、薄く切ります。

ぶり…3～4㎝角に切ります。たっぷりの湯を沸とうさせ、ぶりを入れて、すぐざるにあけます（b）。血がついていたらざっと洗います。

煮る

❷**やわらかく煮る**…①の鍋に、しょうが、砂糖、酒を加え、だいこんとぶりをそれぞれまとめて入れて、強火にかけます。沸とう後、アクをとります。弱火にして落としぶたと（c）鍋のふたをのせます（鍋のふたは少しずらし、魚のくさみがこもらないようにします）。約30分煮ます。

❸**調味する**…だいこんがすき通り、竹串を刺してどうにか通るくらいになったら、しょうゆ、みりんを加えて（d）、さらに15～20分煮ます。煮くずれやすいので、混ぜずに、鍋を傾けて煮汁をまわします。ようすを見て、煮えムラがあるようなら、中身の上下をそっと入れかえます。

❹煮汁が煮つまってくると、つやが出てきます。煮汁が鍋底に少し残るくらいで火を止めます（e）。

盛りつける

❺鉢にこんもりと盛りつけます。煮汁をかけます。

「肉じゃがを
ホックリ煮あげる
中火かな」

肉じゃが

コツ

一、薄切り肉をだんごにしない方法
煮汁が沸とうしないうちに入れてほぐし、ほぐしながら加熱すると、かたまりません。または、沸とうした煮汁に、1枚ずつ手早く加えます。

二、肉じゃがは中火で
じゃがいもは意外に早く火が通るので、中火で、どちらかというと勢いよく煮ます。弱火で長く煮ると煮くずれしやすいからです。

三、落としぶたで煮汁をまわす
比較的早く煮えるので、少なめの煮汁で煮ます。落としぶたをすれば、それに煮汁が当たって全体にまわり、混ぜなくてもだいじょうぶ。混ぜると、じゃがいもの形がくずれて煮汁がにごります。

■材料　4人分

牛肩ロース肉または豚ロース肉（薄切り）……200g
じゃがいも…3個（500g）
にんじん……½本（100g）
たまねぎ……1個（200g）
さやいんげん………40g

〈煮汁〉
だし…………カップ1
砂糖…………大さじ2
しょうゆ……大さじ3
酒……………大さじ3

1人分278kcal、塩分2.1g

＊牛肉、豚肉はお好みで。切り落としでもかまいません。料理全体のうま味になるので、少し脂身のある部位を選んでコクを出します。
＊じゃがいもは種類によって仕上がり具合が違います。男爵系はホコホコ感が、メークインは煮くずれしにくく、ねっとり感が特徴。
＊しらたき200gを加えても（さっとゆで、食べよい長さに切る）。また、しょうがの薄切りが入ると味のアクセントになります。

■献立例

肉じゃが
さしみP.56
ほうれんそうのおひたしP.72

下ごしらえ

❶**じゃがいも**…ひと口大に切り、水に約5分さらして、変色を防ぎます（a）。水気をきります。
にんじん…じゃがいもより、ひとまわり小さめの乱切りにします。
たまねぎ…8等分のくし形に切ります。
さやいんげん…熱湯に入れて3分ほど色よくゆで、3cm長さに切ります。
肉…5cm長さに切ります（b）。

煮る

❷鍋に煮汁の材料を入れ、肉を加えてざっとほぐしてから（c）強火にかけます。ほぐしながら加熱します。
❸煮立ってアクが出たら、アクをすくいとります。じゃがいも、にんじん、たまねぎを加えます。
❹落としぶたをして（d）鍋のふたをずらしてのせ、中火で約15分煮ます。
❺煮汁が鍋の底に残るくらいになったら、全体を大きくそっと混ぜます。具を寄せて、煮汁にいんげんを入れ（e）、温まったら火を止めます。

盛りつける

❻鉢に盛りつけます。少し山高にし、汁をかけます。

牛肉とごぼうの煮もの

コツ

一、くさみ消しのしょうがは皮つきで

しょうがは皮の部分の香りが強いものです。くさみ消しの効果を得たいときは、皮つきで使います。見た目をきれいに仕上げたい場合は、皮を薄くこそげます。

下ごしらえ

❶**ごぼう**…皮をこそげて2～3㎜厚さの斜め切りにし、水にさらしてアクを抜きます。2～3分したら水気をきります。**こんにゃく**…3㎝長さのたんざく切りにし、さっとゆでて、くさみを抜きます。

❷**しょうが**…細切りにします。**赤とうがらし**…水につけ、種をとって、輪切りにします。

❸**牛肉**…3～4㎝長さに切ります。

いためて煮る

❹鍋に油を入れて強火にかけ、ごぼう、こんにゃくを入れて2～3分いためます（a）。中身を寄せ、あいたところに牛肉を加えていためます（b）。色が変わったら、煮汁の材料、②を加えます。

❺煮立ったらアクをとって（c）、弱めの中火にし、落としぶたをして、鍋のふたをずらしてのせます。時々混ぜ、煮汁が鍋底に少し残るくらいまで10分ほど煮ます。

■材料　4人分

牛肉切り落とし………200g
ごぼう…………½本（100g）
こんにゃく……1枚（200g）
しょうが………1かけ（10g）
赤とうがらし…………½本
サラダ油…………大さじ1

〈煮汁〉

だし ……………カップ1
砂糖 ……………大さじ2
しょうゆ ………大さじ2
酒 ………………大さじ2

1人分192kcal、塩分1.5g

■献立例

牛肉とごぼうの煮もの
あじのたたきP.58
さやいんげんのごまあえP.80

肉どうふ

コツ
一、素材によって、煮る時間差をつける

ひと鍋の煮ものでも、火の通りが違う素材は、時間差をつけて加えます。それぞれがちょうどよい煮え具合なら、格段においしくなります。

■材料　4人分

牛薄切り肉（ももまたは肩ロース肉）…………150g
焼きどうふ……1丁(300g)
ねぎ ……………………1本
えのきだけ……1袋(100g)

〈煮汁〉
だし ……………カップ1
砂糖……………大さじ2
しょうゆ………大さじ2
酒………………大さじ2

1人分217kcal、塩分1.4g

下ごしらえ

❶**焼きどうふ**…1丁を8等分に切ります。**ねぎ**…1cm幅の斜め切りにします。**えのきだけ**…根元を切ります。**牛肉**…4～5cm長さに切ります。

煮る

❷鍋に煮汁の材料を入れ、強火にかけます。沸とうしたら、肉を1枚ずつ加えます(a)。色が変わったら、アクをとります。肉を寄せ、とうふを加えて(b)落としぶたをし、鍋のふたをずらしてのせます。中火で約10分煮ます。

❸ねぎ、えのきだけもそれぞれまとめて加え(c)、2～3分煮て、野菜に火が通ったらできあがりです。

■献立例
肉どうふ
かき揚げP.91
れんこんの梅肉あえP.83

いんろう煮

ふっくら詰めて形よく

厚揚げのいんろう煮

■〝いんろう＝印籠〟　昔、印鑑や薬などを入れ、腰に下げた小箱。水戸黄門が最後にさし出すので有名です。材料にあけた空洞に、詰めものをした料理に使われる名前。

コツ

一、肉あんは、たっぷりめに詰める

火が通るとひき肉が縮むので、少しふくらむまで詰めると形よく煮あがります。

二、鍋の大きさを選ぶ

鍋の大きさは、2切れが重ならずに並んでちょうど入るくらいのものを。煮汁がむだなく全体にいきわたります。

三、かたくり粉は接着剤

かたくり粉のでんぷんは、水を含んで加熱すると、のりのようになり、接着剤の役目を果たします。肉あんがとうふからはがれにくくなります。また、煮汁にとろみがつき、口あたりがなめらかになります。

■材料　2人分

厚揚げ ・・・・・・・1枚(200ｇ)
　かたくり粉 ・・・・小さじ1

〈ひき肉あん〉
　とりひき肉・・・・・・・・・60ｇ
　ねぎのみじん切り10cm分
　A
　　しょうゆ ・・・・小さじ1
　　しょうが汁 ・・・・・・・・・・・・小さじ½
　　とき卵・・・・・・・大さじ1

〈煮汁〉
　だし・・・・・・・・・・・・カップ1
　砂糖・・・・・・・・・・・・大さじ1
　みりん ・・・・・・・・・大さじ1
　しょうゆ・・・・・・・大さじ1
　酒・・・・・・・・・・・・・・大さじ1
　塩・・・・・・・・・・・・・・・・・・・少々

〈前盛り〉
　菜の花など青菜 ・・・・40ｇ

1人分269kcal、塩分1.9g

＊厚揚げは、とうふを揚げたものです。油揚げを「薄揚げ」と呼ぶのに対してついた名前です。中が生なので「生揚げ」とも呼ばれます。

下ごしらえ

a

❶厚揚げ…熱湯をかけて、油を抜きます。2つに切り、外側5～6㎜を残して包丁で切りこみを入れ、中身をくり抜いて袋状にします（a）。

b

❷ひき肉あん…ボールにひき肉、ねぎを入れ、厚揚げをくり抜いた中身を軽くつぶして加え、Aも加えてよく混ぜます。2等分します（b）。

c

厚揚げの内側に、茶こしでかたくり粉を半量ふります。ひき肉あんを詰め、上から残りのかたくり粉をふります（c）。

❸菜の花…熱湯に入れて約1分、色よくゆでます。水にとり、根元をそろえて水気をしぼります。かたい部分を切り落とし、長さを半分に切ります。

煮る

d

e

❹鍋に煮汁の材料を煮立てます。②を並べ入れ（d）、弱めの中火にして、落としぶたをのせ、鍋のふたをずらしてのせます。時々、スプーンで煮汁をかけながら（e）、10～15分煮ます。煮汁が鍋底に少し残るくらいで火を止めます。

盛りつける

❺いんろう煮を、斜め半分ずつに切り、少し深さのある皿に盛りつけます。立てかけるようにして、高さを出すときれいです。手前に菜の花を添え、厚揚げに煮汁をかけます。

■献立例

厚揚げのいんろう煮
まぐろのぬたP.82
紅白なますP.79

煮魚は煮立った汁にそっと入れ

きんめの煮つけ

■〝煮つけ〟　少なめの煮汁で、魚や野菜を甘から味でこっくりめに、煮汁が少なくなるまで煮たもの。

覚えて便利なめやす
「煮魚の煮汁は、
水：酒＝2：1」

コツ

一、魚の大きさに合った鍋で煮る

魚は比較的少量の煮汁（魚の厚みの½〜⅔）で短時間に煮ます。裏返さずに煮ますから、煮汁が全体に回るように落としぶたを使って煮ます。大きい鍋では、ある程度煮汁が余分に必要となり、煮るのに時間がかかってうま味が逃げてしまいます。魚が重ならずに、ちょうど収まる大きさの鍋またはフライパンを使います。

二、生ぐさみをとって、煮るコツ

・煮立った煮汁に入れる

外側がすぐ固まって、魚のうま味が逃げず、煮汁も生ぐさくなりません。

・鍋のふたはしない

・中火で煮汁をとばしながら煮る

魚のにおいがこもらないように、鍋のふたはしません。弱火だと生ぐさみがとびにくいため、中火〜強めの中火で煮ます。

三、調味料の働き

酒やみりんは、生ぐさみをおさえる働きがあります。しょうゆは香りをつけ、また、たんぱく質を固める働きがあります。しょうゆ入りの煮汁に魚を入れると、魚のまわりが早く固まり、うま味が逃げません。

■材料　2人分

きんめだい…2切れ（240g）
しょうが…小1かけ（5g）

〈煮汁〉
水……………カップ½
酒……………カップ¼
みりん………大さじ3
しょうゆ…………大さじ1½

〈前盛り〉
わかめ（塩蔵）………20g
万能ねぎ…5〜6本（30g）

1人分248kcal、塩分5.0g

＊白身魚なら、ぎんだら、ぎんむつなど、背の青い魚は、いわし、あじ、さんまなどがポピュラーです。一般に背の青い魚は、濃い味つけが合います。

■献立例

きんめの煮つけ
卯の花いりP.28
しゅんぎくと菊のおひたしP.74

下ごしらえ

❶**きんめだい**…皮の幅が広い場合は、皮に切り目を1〜2本入れます（a）。味をしみやすくし、そり返りを防ぎます。

しょうが…皮つきのまま薄切りにします。

わかめ…洗って水に2〜3分つけてもどし、2〜3㎝長さに切ります。

万能ねぎ…5㎝長さに切ります。

煮る

❷鍋に、煮汁の材料、しょうがを入れ、強火にかけます。魚の水気をふきとり、煮汁が煮立ったところに加えます（b）。

❸スプーンで、煮汁を魚の上にかけます（c）。こうすると魚の表面が早くかたまり、うま味が逃げるのを防ぐとともに、皮が落としぶたにつきにくくなります。

❹沸とうしたらアクをとり、中火にして、落としぶたをします（d）。生ぐさみがこもらないように、鍋ぶたはしません。

❺途中2回ほど、魚に煮汁をかけながら、煮汁がカップ½くらいになるまで約10分煮ます。

❻落としぶたをとり、強火でさらに2〜3分煮つめます。煮汁が鍋の底に残り、つやがよくなったところで火を止めます。

盛りつける

❼できたては形がくずれやすいので、1〜2分おいて少しさまして（あら熱をとって）から、深さのある皿にそっととり出します（e）。皮が向こうになるようにします。

❽残った煮汁にわかめとねぎを入れ、さっと火を通して（f）、魚の右手前に添えます。魚に煮汁をかけます。

子持ちかれいの煮つけ

コツ

一、子持ちの魚は、切り目を深めに入れる

卵に火が通りにくいので、皮の切り目を入れるときに卵にとどくように入れるか、裏側から卵に切り目を入れておくとよいでしょう。また、煮汁も少し多くします。

子持ち魚《うお》 深い切り目で火を通す

■材料 2人分

子持ちかれい
……2切れ（300ｇ）

しょうが
……1かけ（10ｇ）

〈煮汁〉

水………カップ1

酒………カップ½

みりん ….大さじ3

しょうゆ…大さじ2

〈前盛り〉

さやいんげん‥6本

1人分279kcal、塩分2.4g

下ごしらえ

❶**かれい**…うろこをとり（うろこに逆らって包丁の先でこそげる）、皮に切り目を1～2本入れます。卵の部分が煮えにくいので、そこまで深く切りこみを入れるか、裏から卵に切りこみを入れておくとよいでしょう。

しょうが…皮つきのまま薄切りにします。

さやいんげん…熱湯に入れて3～4分ゆで、2～3等分に切ります。

煮る

❷以降はきんめの煮つけ（P.19）と同じです（左写真）。卵に火が通りにくいので、きんめだいよりも少し多めの煮汁で煮て、ようすをみながら15～20分煮ます。

■献立例

子持ちかれいの煮つけ

茶碗蒸しP.100

菜の花のからしあえP.75

いわしの梅煮

■材料　2人分
いわし·中2尾(200g)
梅干し··小1個(10g)
しょうが
　····小1かけ(5g)

〈煮汁〉
水·········カップ¾
酒·········カップ⅓
みりん····大さじ1
しょうゆ··大さじ½

1人分113kcal、塩分1.4g

＊梅干しがとても塩からいときは、しょうゆの量を減らして味を見てください。

下ごしらえ

❶**いわし**…うろこをとり（うろこに逆らって包丁の先でこそげる)、頭を切り落とします。はらわたをとり出し(P.61①(1))、洗います。水気をふきとり、1尾を2～3つに切ります。

しょうが…皮つきのまません切りにします。

煮る

❷鍋に煮汁の材料を煮立たせ、しょうが、いわしを入れます。梅干しは2～3つにちぎって入れます（a)。

❸再び沸とうしたらアクをとり、弱めの中火にして、落としぶたをします（鍋のふたはしません。また、身がくずれるので裏返しません)。煮汁が鍋の底に少し残るくらいになるまで、15分ほど煮ます。

a

■献立例
いわしの梅煮
野菜ととりの揚げびたし P.95
おかひじきと焼きしいたけの酢のもの P.78

コツ

一、しょうがも梅干しも、魚の生ぐさみを消します

背の青い魚(青魚)は生ぐさみが気になりますが、くさみ消しにしょうがをよく使います。梅も同じ効果があり、煮魚に使うことがあります。梅の味はさほど残りません。

さばみそは煮汁含ませみそはあと

さばのみそ煮

コツ

一、みそはあとで加える

はじめからみそを入れると、魚にほかの味がなかなか入っていきません。みそ煮の場合、みそ以外の味をはじめに含ませ、あとからみそを加えます。

二、くさみとりの、しょうが、酒

しょうがの香気成分には、魚や肉のくさみをとる働きがあります。また、酒にもにおいを消す働きがあるので、煮魚では酒を多めに使います。しょうがの香りは皮の近くに多いので、皮つきのままか、むかずに、こそげてとる程度にします。

＊魚の煮つけP.19のコツを合せてごらんください。

■材料　2人分

さば……2切れ(200g)
しょうが……1かけ(10g)
ねぎ……½本

〈煮汁〉

A
- 水……カップ¾
- 酒……カップ¼
- 砂糖……大さじ1
- みりん……大さじ1
- しょうゆ……小さじ2

みそ…大さじ1強(20g)

1人分287kcal、塩分2.4g

a

b

c

d

e

下ごしらえ

❶**さば**…皮に7～8㎜深さほどの切り目を1～2本入れます（a）。味をしみこみやすくし、そり返りを防ぎます。

しょうが…皮つきのまま、薄切りにします。

ねぎ…3～4㎝長さに切ります。

煮る

❷鍋に、Aと、しょうがを入れて火にかけます。煮立ったら、魚を皮を上にして（b）、重ならないように並べます。

❸中火にし、時々アクをとり、スプーンで煮汁をかけながら3～4分煮て、表面を固めます。

❹ボールなどにみそを入れて、煮汁少々でといてから(c)、鍋に加えます。落としぶたをし、さらに8分ほど煮ます(生ぐさみがこもるので鍋のふたはしません)。途中1～2回、魚に煮汁をかけます。

❺最後に、煮汁のところにねぎを加えて(d)3～4分煮ます。煮汁が、魚にかける量（大さじ2くらい）まで煮つまったら、できあがりです。

盛りつける

❻少し深さのある皿に魚を盛り、右前にねぎを盛りつけます。煮汁をかけます（e）。

■献立例

さばのみそ煮
しゅんぎくと卵のみぞれあえP.83
けんちん汁P.116

いかは出し さといも煮えたら また加え

いかとさといもの煮もの

コツ

一、さといものぬめりは好みでとる

ぬめりは、いもを塩でもんで下ゆでし、洗ってとります。ぬめりをとると、味のしみこみがよく、煮汁がにごらないので仕上がりが上品です。

ぬめりをとらずに直接煮ると、煮汁にとろみがつき、さといもの素朴なうま味が味わえます。ふきこぼれに注意します。

二、いかはさっと煮る

いかは加熱しすぎるとかたくなるので、火を通しすぎないのが肝心。はじめにさっと煮て煮汁にうま味を出したら、とり出します。いもが煮えたら最後に合わせます。

■いもの煮ものをよく〝煮ころがし〟と呼びます。これは、煮汁が少なくなったころ、こげないようにいもを箸などでころがしながら煮ることから。いもの形が少しくずれてもいいとき、またじゃがいもなど、ホッコリと仕上げたいときに向きます。

覚えて便利なめやす

「いかとさといもの煮ものの調味の割合
砂糖：しょうゆ：酒＝1：1：1」

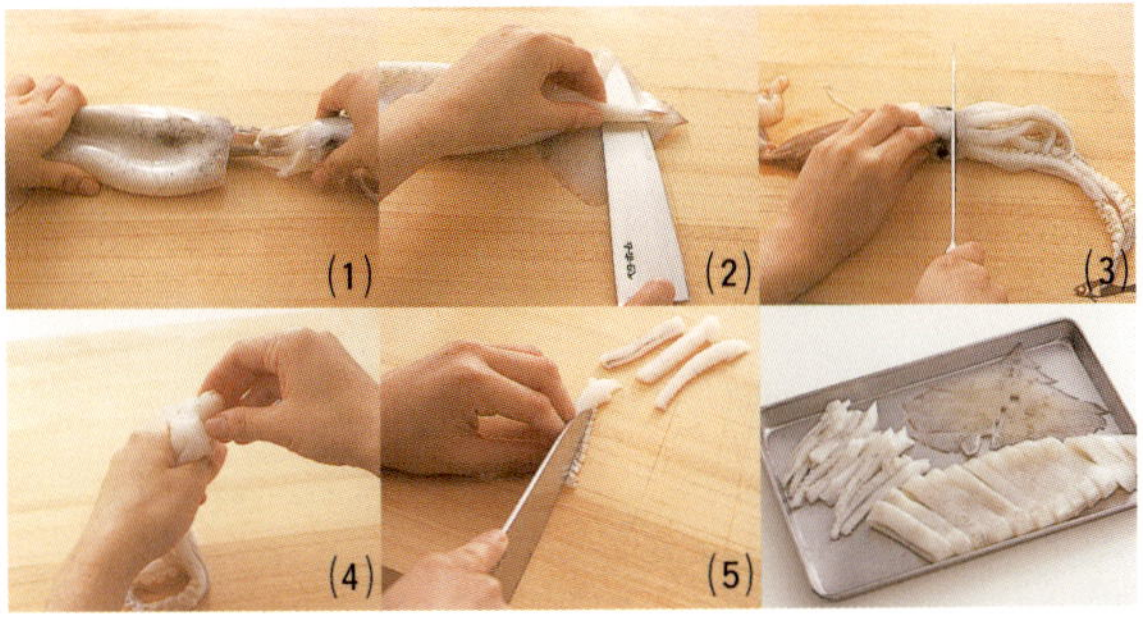

下ごしらえ

❶**いか**…左写真のとおりに、いかを下処理します。胴は皮つきのまま1㎝幅の輪切りに、エンペラは食べやすい大きさに切ります。足は1～2本ずつに分けます。

(1) 胴の中に指を入れ、内臓のついているところをはがします。胴を押さえ、足と内臓を抜きます。軟骨をとります。
(2) エンペラ（三角の部分）のつけ根に切り目を入れ、そこからエンペラを引いて胴と離します（胴の皮をむく料理の場合は、エンペラに続けて皮を引きはがします）。
(3) 足は目の下のところで切り離します。
(4) 輪になっている足を切り開き、中心にあるかたい口ばしを除きます。
(5) 足先はかたいので切り落とし、大きな吸盤も切りとります。

■材料　4人分

いか ‥‥‥‥1ぱい（300ｇ）
さといも ‥‥‥‥‥‥‥‥‥500ｇ
　塩 ‥‥‥‥‥‥‥‥‥‥小さじ½
しょうが ‥‥小1かけ（5ｇ）

〈煮汁〉
　水‥‥‥‥‥‥‥‥カップ1½
　砂糖 ‥‥‥‥‥‥大さじ1½
　しょうゆ ‥‥‥大さじ1½
　酒‥‥‥‥‥‥‥‥大さじ1½

1人分115kcal、塩分1.1g

＊するめいかは、皮が黒っぽい赤色、胴が丸く太いものが新鮮です。

さといも…皮をむき、いもの大きさによって、ひと口大に切ります。塩でもんで、そのまま水を加えて下ゆでします（a）。沸とうしたらざるにとり、洗っていものぬめりをとります。**しょうが**…皮をこそげて薄切りにします。

いかを1度とり出して煮る

❶鍋に、煮汁の材料、しょうがを入れて強火にかけます。煮立ったら、いかを入れ（b）、色が白く変わったらとり出します。アクをすくいます。

❷続いてさといもを加え、煮立ったら弱火にし、落としぶたをし（c）鍋のふたをずらしてのせ、15分ほど煮ます。時々鍋をゆすると味が均一につきます。

❸いもがやわらかくなって煮汁が少なくなったら、いかをもどし（d）、温まったら火を止めます。

❹鉢にこんもりと盛り、汁をかけます。

■献立例

とりの竜田揚げP.92
いかとさといもの煮もの
キャベツのごま酢あえP.78

切り干しだいこんの煮もの

乾物を
ほどよくもどし
いため煮に

a

b

c

■献立例

ぶりの照り焼きP.64
切り干しだいこんの煮もの
きゅうりとわかめの酢のものP.76

切り干しをもどし、下ごしらえ

❶**切り干しだいこん**…水でさっと洗って、たっぷりの水に10分ほどつけてもどします（a）。水気をしっかりしぼって、4～5㎝長さに切ります。

油揚げ…熱湯をかけて油を抜きます。縦半分に切ってから、5㎜幅の細切りにします。

いためて煮る

❷鍋に油を熱し、中火で切り干しだいこんを1～2分いためます。油揚げを加えてさっと混ぜます（b）。

❸煮汁の材料を加えます。煮立ったら弱火にして、ふたをします（c）。時々混ぜながら、煮汁が鍋底に少し残るくらいまで煮ます。そのままおいて味を含ませます。

■材料　4人分

切り干しだいこん････30ｇ
油揚げ････････････････1枚
サラダ油･････････小さじ2
〈煮汁〉
だし････････････カップ1
砂糖････････････大さじ1
しょうゆ･･･････大さじ1
酒･･･････････････大さじ1

1人分76kcal、塩分0.8g

＊切り干しだいこんをもどすと、重量が4～5倍になります。

ひじきの煮もの

コツ

一、乾物は水で適度にもどす

切り干しだいこんや、乾燥ひじきは水でもどしてから使います。ただ、水に長くつけすぎると、歯ごたえや香りもなくなるので、商品の表示もめやすにして、つけすぎないように。

二、油と相性がいい

ひじきも、切り干しも、油と相性がよく、煮る前にいためると、それぞれのくせがやわらぎ、コクが出ます。

■材料 4人分

ひじき(乾燥)・・・・・・・・・30g
にんじん・・・・・½本(100g)
さつま揚げ・・・・1枚(50g)
サラダ油・・・・・・・・・大さじ1
〈煮汁〉
　だし・・・・・・・・・カップ1½
　砂糖・・・・・・・・・・・・大さじ2
　しょうゆ・・・・・・・大さじ2
　酒・・・・・・・・・・・・・・大さじ2

1人分97kcal、塩分2.0g

＊乾燥ひじきは、もどすと重量が約6倍になります。もどしたひじきも売られていて、さっと洗って使います。
＊さつま揚げを油揚げ1枚にかえても。

ひじきをもどし、下ごしらえ

❶**ひじき**…たっぷりの水に入れて混ぜるように洗います。水に20分ほどつけてもどします(a)。水気をよくきり、長いひじきは約3㎝長さに切ります。

にんじん…3㎝長さの細切りにします。

さつま揚げ…熱湯をかけて油抜きし、縦半分に切って、5㎜幅の細切りにします。

いためて煮る

❷鍋に油を強火で熱し、ひじきを入れて1～2分いためます。全体に油がまわったら、にんじんを加えてさっといため(b)、さつま揚げ、煮汁の材料を加えます。煮立ったら弱火にしてふたをし(c)、時々混ぜながら約10分煮ます。

❸最後にふたをとって強火にし、煮汁が少し残る程度まで煮つめます。そのままおいて味を含ませます。

■献立例

白身魚のみそ漬け焼きP.68
ひじきの煮もの
ほうれんそうのおひたしP.72

卯《う》の花いり

コツ

一、汁気を吸わせながらいため煮にします

とうふを作るときの、大豆から豆乳をしぼった残りがおから＝卯の花（白いのでウツギの花＝卯の花にたとえた名）。汁気を含ませながら、しっとりと煮あげるとおいしい。おからは大豆たんぱく質や食物繊維が豊富。

■献立例

子持ちかれいの煮つけP.20
卯の花いり
みつばのわさびじょうゆP.75

下ごしらえ

❶**干ししいたけ**…水カップ⅓に約30分つけてもどします（急ぐ場合はぬるま湯で約15分）。軸をとり、薄切りにします。もどし汁はとりおきます。**ごぼう**…皮をこそげ、2㎝長さの細切りにし、水にさらして水気をきります。**にんじん**…2㎝長さの細切りにします。**ねぎ**…小口切りにします。

❷**とり肉**…1㎝角に切り、Aをふって下味をつけます。

いため煮にする

❸鍋にごま油を熱し、しいたけ、ごぼう、にんじんを入れます。強火でさっといため、とり肉を加えていためます（a）。肉の色が変わったら、煮汁の材料を加えます。煮立ったらアクをとり、中火にして2～3分煮ます。

❹おからを加え（b）、混ぜながらさらに4～5分いため煮にします（c）。

❺煮汁がほぼなくなったら、ねぎを加えてさっと混ぜ、火を止めます。そのままおいて味を含ませます。

■材料　4人分

おから（卯の花）……100ｇ
とりもも肉…………50ｇ
　A〈塩・酒……各少々〉
干ししいたけ………2個
ごぼう……………20ｇ
にんじん……………20ｇ
ねぎ（緑色の部分も）‥40ｇ
ごま油…………大さじ1
〈煮汁〉
　だし…………カップ¾
　しいたけのもどし汁
　　…………大さじ2
　砂糖・しょうゆ・酒・
　　みりん ‥‥各大さじ1
　塩………………少々

1人分114kcal、塩分0.9g

煮て置いて かあさんの味 含ませる

五目豆

コツ

一、煮汁を残して、味を含ませる

煮ものには、できたてがおいしいものと、少し時間をおいて煮汁の味を含ませたほうがおいしいものがあります。P.26～31の乾物や豆のおかずは後者。煮たあとの時間が実は仕上げの時間です。

■材料　4人分

大豆（水煮缶詰）……150g
干ししいたけ………2個
ごぼう………………50g
れんこん……………50g
にんじん……………50g
こんにゃく…¼枚（50g）
〈煮汁〉
だし…………カップ1
しいたけのもどし汁
……………カップ¼
砂糖…………大さじ1
しょうゆ……大さじ1
みりん………大さじ1

1人分89kcal、塩分0.9g

下ごしらえ

❶**干ししいたけ**…カップ⅓の水に約30分つけてもどします（急ぐ場合はぬるま湯で約15分）。軸を除いて1㎝角に切り、もどし汁はとりおきます。**ごぼう**…皮をこそげ、大豆の約2倍の大きさの乱切りにします。水にさらして、水気をきります。**れんこん**…皮をむき、太さによって縦割りにしてから、ごぼうと同じ大きさの乱切りにします。水にさらし、水気をきります。**にんじん**…目立つので少し小さめの乱切りにします。**こんにゃく**…1㎝角に切り、熱湯でさっとゆでます（a）。

煮る

❷鍋に材料をすべて入れ、強火にかけます。沸とうしたらアクをとり、弱火にして、落としぶたと（b）鍋のふたをします。やわらかくなるまで約20分煮ます。煮汁が少し残るくらいで火を止め、そのままおいて味を含ませます。

■〝五目〟　種々のものが混ざっているという意味。

■献立例

豚のくわ焼きP.62
五目豆
もやしのごま酢あえP.78

きんとき豆の甘煮

豆煮えて
やっと砂糖の
出番かな

コツ
一、豆の甘煮は、砂糖を徐々に加える

もどした豆は、やわらかく煮てから砂糖で味をつけます。また、いきなり多量の砂糖を加えると、濃度の濃い煮汁のほうに豆の水分が出て、味が含みにくく、しわも寄ってしまいます。砂糖は2～3回に分けて加えます。

〈乾燥豆の場合〉

■材料　8人分

きんとき豆(乾燥)
…カップ2 (300g)

砂糖 …………150g

塩…………小さじ¼

1人分178kcal、塩分0.2g

a

b

c

d

豆をもどし、アクを抜いてから下ゆで

❶きんとき豆は洗い、かさの3～4倍(カップ6～7)の水につけて、半日(夏場は5～6時間、冬場約8時間)おいてもどします(a)。しわがなくなったら充分です。

❷つけた水ごと鍋に移して火にかけ、沸とう後2～3分煮てから湯を捨て(ゆでこぼす)、アクを抜きます(b)。

煮る

❸鍋にゆでた豆と、約5カップの水(豆の上に1～2㎝かぶるくらい)を入れ、中火にかけます。沸とうしたらアクをすくい、弱火にして落としぶたと(c)鍋のふたをし、豆がやわらかくなるまで約20分ゆでます(秋にとれる新豆は早く煮えますが、古くなると煮る時間がかかります)。

❹豆の頭が出るくらいの湯量になったら、砂糖を5分おきに2回に分けて加え(d)、10分ほど煮ます。

❺最後に、塩を加えて味をひきしめ、5分ほど煮ます。火を止めてそのままおき、味を含ませます。

＊③で、やわらかくゆでた豆は冷凍できます。

〈水煮豆の場合〉

■材料　2人分

きんとき豆(水煮缶詰)…150g

〈煮汁〉

水…………カップ¾

砂糖……………40g

塩………………少々

1人分186kcal、塩分0.3g

鍋に水煮豆と、分量の水、砂糖20gを入れて中火にかけます。沸とうしたら、ふたをして、弱火で10分煮ます。残りの砂糖を加えてさらに10分煮ます。最後に塩を加えて約5分煮ます。火を止め、そのままおいて味を含ませます。

■献立例

肉どうふP.15
きんとき豆の甘煮
しゅんぎくと卵のみぞれあえP.83

かぼちゃの甘煮

コツ

一、かぼちゃは、皮を下にして煮る

皮を下にして煮たほうが、皮の火の通りがよく、実もくずれにくいためです。

■材料　2人分

かぼちゃ ……300ｇ

〈煮汁〉

だし……カップ1

みりん…大さじ1½

しょうゆ…小さじ1

塩…………少々

1人分143kcal、塩分0.8g

下ごしらえ

❶かぼちゃは種とわたをとり、3～4㎝角に切ります（a）（大きなかぼちゃは、切り口を下にするなどして充分安定させて切ります）。味のしみこみがよいように、皮をところどころむきます。切り口の角をけずります（b）（面とり→P.47）。

煮る

❷鍋に煮汁の材料と、かぼちゃを入れます。落としぶたをし（c）、鍋のふたをずらしてのせます。強火にかけ、煮立ったら中火にし、煮汁がほぼなくなるまで約10分煮ます。

❸できてすぐは形がくずれやすく、また、味を含ませたいので、少しさましてから鉢に盛ります。

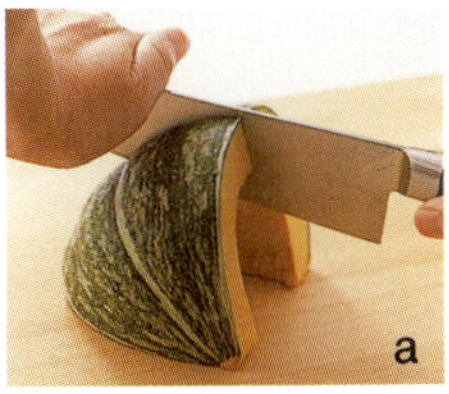

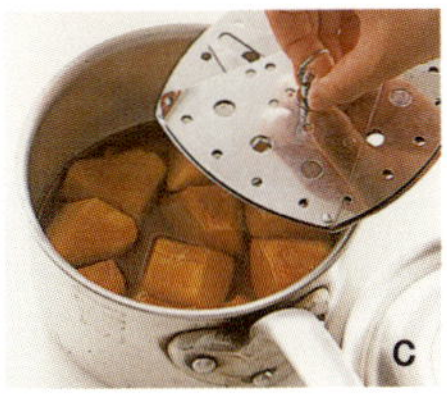

■献立例

とりの南蛮漬けP.94
かぼちゃの甘煮
さやいんげんのごまあえP.80

きんぴらは一気にいためてシャッキリと

きんぴらごぼう

■〝きんぴら〟　とうがらしを効かせることから、その辛味を、江戸時代に流行した浄瑠璃の主人公、金平（きんぴら）の剛勇さになぞらえたとか。今では、油でいため、濃い味でいため煮にする調理法をさします。

コツ

一、きんぴらは強火で

弱い火でいためると、ごぼうの水分が出て水っぽくなってしまいます。強火でいためて材料の水分をとばすと、かわりに油が入って、うま味が増し、シャキッと仕上がります。調味液を加えてからも、終始強めの火で汁気をとばすように煮ます。

二、大きさをそろえる

きんぴらには、ごぼうのほか、繊維があって歯ごたえのある材料がよく合います(P.34—35)。短時間に仕上げますから、いずれも細め、小さめに切ります。火の通りが同じになるように、大きさをそろえるのもポイントです。

覚えて便利なめやす

「きんぴらの味つけは、しょうゆ:みりん:砂糖=1:1:½」

＊材料によっては、火が通りにくいものも。その場合は、上記に酒やだしをたします。

■材料　2人分

ごぼう ………½本(100g)
にんじん………………40g
赤とうがらし………小½本
ごま油……………大さじ1

〈煮汁〉

しょうゆ………大さじ1
みりん …………大さじ1
砂糖 ……………大さじ½
だし ……………大さじ2

〈天盛り〉

いりごま(白)
………………小さじ½

1人分130kcal、塩分1.3g

＊ごぼうは、10円玉くらいの太さの泥つきがみずみずしい。また、4～5月ごろ出回る新ごぼうは、香りがよくおすすめです。新ごぼうはやわらかいので、皮は洗っているうちにとれます。少し太めに切ってもよいでしょう。

＊天盛り→P.73

a

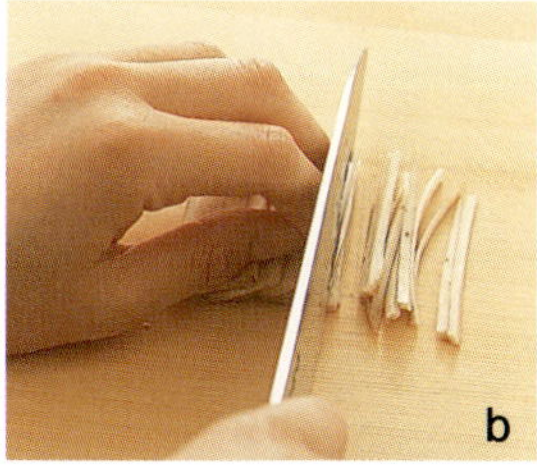

b

c

d

e

下ごしらえ

❶**ごぼう**…(1)たわしで泥を落とします。ごぼうは皮に風味があるので、むかずに、包丁の背で表面をこそげます(a)。さっと洗います。

(2)5㎝長さぐらいに切ります。約2㎜厚さの薄切りにしてから、2㎜幅の細切りにします(b)。アクで茶色くなるので、切るそばから水にさらします。2～3分したらざるにとり、水気をよくきります。

にんじん…ごぼうと同じ細切りにします。

赤とうがらし…水につけてやわらかくし、種をとります。輪切りにします。

煮汁…合わせておきます。

いため煮にする

❷鍋にごま油を入れて強火にかけ、ごぼうとにんじんを入れます。強火で1～2分いため、水気をとばします(c)。

❸油がまわってしんなりしたら、煮汁を加えます(d)。強火のまま、汁を蒸発させるつもりで、混ぜながら煮ます(e)(材料が太い場合は、火を少し弱めて時間をかけます)。汁気がほぼなくなったら、とうがらしを混ぜます(辛味を効かせたい場合は、早くから加えて加熱時間を長くします)。ほとんど汁気がなくなったら火を止めます。

盛りつける

❹鉢にこんもりと盛りつけます。ごまを指先でつまんで、ひねるようにつぶして香りを出しながら(ひねりごま)ふります。

■献立例

厚揚げのいんろう煮P.16
きんぴらごぼう
うどとかにの酢のものP.79

ピーマンのきんぴら

■材料　2人分

ピーマン‥5個(200g)

サラダ油 ‥‥大さじ1

〈煮汁〉

砂糖‥‥‥‥大さじ½

みりん ‥‥大さじ1

しょうゆ ‥‥大さじ1

だし‥‥‥‥大さじ1

1人分111kcal、塩分1.3g

❶ピーマンは、縦半分に切って、細切りにします。

❷以降はP.33②③と同様にします。1分ほどいためてから、煮汁を加え、強火で煮汁がなくなるまでいため煮にします。

れんこんのきんぴら

■材料　2人分

れんこん ‥‥‥‥200g

赤とうがらし ‥‥½本

ごま油‥‥‥‥大さじ1

〈煮汁〉

酒‥‥‥‥‥大さじ1

みりん ‥‥大さじ1

しょうゆ ‥‥大さじ1

だし‥‥‥‥大さじ2

1人分148kcal、塩分1.4g

❶れんこんは、薄い半月切り、またはいちょう切りにします。

❷赤とうがらしは水につけて種をとり、輪切りにします。

❸以降はP.33②③と同様にします。2〜3分いためてから、煮汁を加え、強火で煮汁がなくなるまでいため煮にします。

かみなりこんにゃく

■材料　2人分

こんにゃく

……1枚(250g)

サラダ油 ….大さじ1

けずりかつお ….5g

〈煮汁〉

酒………大さじ1

みりん ….大さじ1

しょうゆ

……大さじ1½

だし……大さじ3

1人分113kcal、塩分2.0g

❶こんにゃくは、斜め格子の細かい切り目を両面に入れ、1.5㎝角に切ります。熱湯で1～2分ゆで、くさみをとります。

❷以降はP.33②③と同様にします。5～6分よくいためてから、煮汁を加えます。強火でいため煮にし、煮汁がほとんどなくなったら、けずりかつおを混ぜます。

■〝かみなり〞いためるとき、ジャジャッという音がかみなりのようなので。

うどの皮のきんぴら

■材料　2人分

うどの皮 ……150g

ごま油……大さじ1

七味とうがらし …少々

〈煮汁〉

酒………大さじ1

みりん ….大さじ1

しょうゆ …大さじ1

1人分110kcal、塩分1.3g

❶うどの皮は、5㎝長さくらいの細切りにし、水にさらして水気をきります。

❷以降はP.33②③と同様にします。3～4分いためてから、煮汁を加え、強火で煮汁がなくなるまでいため煮にします。最後に七味をふります。

＊酢のものなどにうどを使う場合、皮は筋っぽいので厚くむきます。この皮は、きんぴらにすれば、アクもうぶ毛も気にならずに、むだなく食べられます。

こまつなと油揚げの煮びたし

コツ

一、葉ものの煮びたしは、手早く煮る

青菜の煮びたしは、色をきれいに仕上げたい場合、さっと下ゆでしてアクをとり、煮汁で短時間に煮ます。

ただ、こまつなはアクがあまり気にならないので、おそうざいでは下ゆでを省略することも。この場合も煮るのは手早くします。しょうゆの入った煮汁で長く煮ると、色が悪くなるからです。

■材料　2人分

こまつな

………½束（150ｇ）

油揚げ…………1枚

〈煮汁〉

だし……カップ1

しょうゆ‥大さじ½

みりん ‥‥大さじ1

1人分65kcal、塩分0.4g

■献立例

いわしのかば焼きP.60

こまつなと油揚げの煮びたし

もやしのごま酢あえP.78

a

b

c

❶こまつなは洗って根元を切ります。3～4㎝長さに切って、茎と葉に分けます。

❷油揚げは熱湯をかけて油抜きします（a）。縦半分に切り、7～8㎜幅に切ります。

煮る

❸鍋に煮汁の材料を入れ、強火にかけます。煮立ったら油揚げを入れて、中火で1～2分煮ます。

❹こまつなの茎（b）、葉の順に、かたいものから加えます（ふたはしません）。しんなりしたら火を止めます（c）。

❺小鉢に盛りつけ、煮汁をはります。

はくさいとあさりの煮びたし

■材料　2人分
はくさい ……150g
あさり（水煮缶詰）
…1缶（正味70g）
しょうが‥少々（3g）

〈煮汁〉
あさりの缶汁＋だし
……… カップ1
しょうゆ‥大さじ½
酒 ………大さじ1
1人分70kcal、塩分1.0g

❶はくさいは葉と軸に分け、軸は繊維に添って4～5㎝長さの細切り、葉はざく切りにします。しょうがはせん切りにします。
❷あさり缶は身と汁に分け、汁はだしと合わせます。

煮る

❸鍋に煮汁の材料を煮立て、はくさいの軸としょうがを入れて中火でひと煮立ちさせます。あさりと、はくさいの葉を加えます。葉がしんなりしたら、火を止めます。

かぶの葉とちくわの煮びたし

■材料　2人分
かぶの葉 ……150g
ちくわ …1本（25g）

〈煮汁〉
だし……カップ1
しょうゆ‥大さじ½
みりん …大さじ1
1人分39kcal、塩分0.7g

❶かぶの葉は3㎝長さに切ります。ちくわは5㎜厚さの輪切りにします。

煮る

❷鍋に煮汁の材料を煮立て、かぶの葉、ちくわを入れて中火で煮ます。葉がしんなりしたら、火を止めます。

春

たけのこをゆでてアクとる米のぬか

たけのこの土佐煮

コツ

一、たけのこのえぐ味は、米ぬかでゆでてとる

たけのこは、掘って時間がたつとともに、えぐ味成分(シュウ酸)が出てきます。ぬかや米のとぎ汁でゆでると、これが溶け出し、でんぷんがたけのこを包んで酸化を防止。えぐ味がとれ、色よくゆであがります。また、たけのこの皮には繊維をやわらかくする成分が含まれているので、皮ごとゆでます。

■〝土佐煮〟　かつおぶしを使った料理には、かつおの産地・高知＝「土佐」の名をよくつけます。この料理ではけずりかつおを一緒に煮て、うま味を出します。

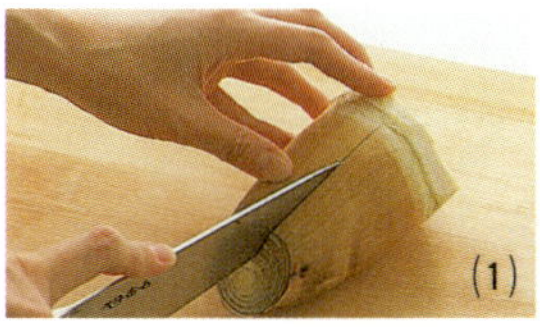
(1)

(2)

(3)

(4)

◀たけのこのゆで方

(1)かたい根元を切りとり、穂先を斜めに切り落とします。切りこみを1本、皮の厚さ分入れます。

(2)深鍋に、たっぷりの水とぬか（水1ℓに対して約10g）を混ぜたもの、または米のとぎ汁を入れます。たけのこ、赤とうがらし1本を入れ、落としぶたをして（鍋ぶたなし）強火にかけます。沸とうしたら中火にし、1時間ほどゆでます。

(3)根元に竹串を刺し、スッと通ればゆであがりです。ゆで汁につけたままさまします。

(4)さめてから皮をむきます。よく洗い、水につけて冷蔵保管します（毎日水をかえて約1週間もちます）。

＊先端部の薄い皮＝姫皮は食べられます。あえものや汁の実に。

＊節の間の白い固まりは、アミノ酸の一種で害はありません。気になるようなら洗います。

■材料　2人分

たけのこ（ゆでたもの）…………………200g

けずりかつお…………5g

〈煮汁〉

水……………カップ1

しょうゆ…….大さじ1

みりん………大さじ1

木の芽…………4～5枚

1人分68kcal、塩分1.3g

＊水煮のたけのこでも作れます。

■献立例

さわらの木の芽焼きP.66

たけのこの土佐煮

うどとかにの酢のものP.79

a

b

c

d

下ごしらえ

❶たけのこ…穂先のほうは4㎝長さのくし形に切り、太い部分は1㎝厚さの輪切りか半月切りにします。

❷けずりかつお…乾いた鍋に入れて、中火にかけ、パリッとする程度にいり（a）、香りを立たせます（からいり）。器にとり、手でもんで細かくします。

煮る

❸鍋に、煮汁の材料、たけのこ、けずりかつお¾量を入れます。火にかけ、沸とうしたら弱めの中火にして、落としぶたと（b）鍋のふたをのせます。煮汁がほとんどなくなるまで15分ほど煮ます（c）。少しおいて味を含ませます。

盛りつける

❹鉢にこんもりと盛りつけ、残りのけずりかつおをふって、木の芽を飾ります。木の芽は、手のひらにのせ、空気をはさむようにポンとたたくと香りがきわだちます（d）。

初夏

ふきのアク
板ずり、下ゆで
水さらし

ふきと油揚げの煮もの

コツ

一、板ずりして下ゆでし、鮮やかな色に

素材のもつ色をさらに鮮やかに出すために、塩をふってまな板の上でこすることを「板ずり」といいます。ふきは、板ずりすると、あとで皮もむきやすくなります。板ずりのあと、下ゆでして、水にさらすことで、アクも抜けます。

皮をむいたあと、すぐ調理しない場合は、水につけておきます。冷蔵で2～3日もちます（水を時々かえる）。

■〝アク抜き〟 材料に含まれる不要成分（にが味、えぐ味、しぶ味など不快な味や色が褐色に変わる色素など）を除くこと。水にさらしてアクを抜く、下ゆでして浮いてきたアクをすくいとるなど、材料、調理法に応じて行います。

■材料 2人分

ふき（茎のみ）……200ｇ
　塩……………小さじ1
油揚げ………………1枚

〈煮汁〉
　だし…………カップ1
　しょうゆ……大さじ1
　みりん………大さじ1
　酒……………大さじ1

1人分88kcal、塩分1.5g

■献立例

かつおのたたきP.59
ふきと油揚げの煮もの
キャベツのごま酢あえP.78

a

b

c

d

下ごしらえ

❶**油揚げ**…熱湯をかけて油を抜きます。縦半分にし、1.5cm幅に切ります。

❷**ふき**…アクが強いので、下ゆでします。まず、葉を切り離し、茎を鍋に入る長さに切ります。まな板の上に置き、塩をふって手のひらでころがし、しっかりまぶしつけます（a）。

❸鍋に湯を沸とうさせ、ふきを塩がついたまま入れて、2～3分色よくゆでます。鍋に添って曲がるくらいになったら（b）、水にとります。

❹皮をむきます。皮の端を一周むき、まとめて引くと（c）一気にむけます。4～5cm長さに切ります。

煮る

❺鍋に煮汁の材料を入れ、ふき、油揚げを入れて強火にかけます。沸とうしたら、弱めの中火にし、落としぶたと（d）鍋のふたをのせます。煮汁が鍋底に少し残るくらいになるまで15～20分煮ます。汁ごとおいて味を含ませます。

❻鉢にこんもりと盛りつけます。

ふきの葉の当座煮

＊ふきの葉のやわらかそうな部分は、つくだ煮風に煮るとおいしいものです。箸休めやおべんとうに。

■材料 ふきの葉150ｇ ごま油大さじ1 A〈酒・しょうゆ各大さじ1〉 けずりかつお5ｇ いりごま（白）小さじ1 全量分176kcal

❶葉をゆでます。水にとって水を2～3回とりかえてアクを抜きます。水気をしぼり、葉元から放射状に5～6cm幅に裂いて、端から細く切ります。

❷鍋に油を熱し、葉をいためます。油がなじんだら、Aを入れ、強火でいりつけます。けずりかつお、ごまを加えて火を止めます。

夏

鍋しぎの いためて深し なすの味

なすの鍋しぎ

■〝しぎ焼き〟　なすに油を塗って焼き、みそをつけてあぶったものをこう呼んだようです。精進料理では肉を使わないので、なすをとりの鴫（しぎ）に見立てたことから。鍋でいため煮にするので鍋しぎといいます。

コツ

一、なすは、高温の油で色よく

なすは油と相性がよいものです。油でいためたり揚げたりしたなすは甘味がでておいしく、また、皮の色が鮮やかな紫色になります。これは、高温調理で皮のアントシアン系の色素が安定するため。この色素は水に溶けやすいので、水にさらしたり、汁で長く煮るほどに色が悪くなってきます。

鍋しぎで、皮を色よく仕上げたい場合は、味を早く含む形に切り、調味液を入れたら、手早く仕上げましょう。

■材料　2人分

なす･･････････3個（200g）

ごま油･････････大さじ2

しその葉･･････････････5枚

〈調味液〉

みそ･･･大さじ1½（25g）

砂糖････････････大さじ½

みりん･････････大さじ1

酒･･････････････大さじ½

だし････････････大さじ2

1人分184kcal、塩分1.4g

■献立例

あじの塩焼きP.52

なすの鍋しぎ

おかひじきと焼きしいたけの酢のものP.78

a

b

c

下ごしらえ

❶**調味液**･･･ボールに合わせ、混ぜておきます。

しその葉･･･重ねたまま軸を除き、せん切りにします。さっと水にさらして水気をきります。

なす･･･1cm厚さの輪切りにします（a）。飾りに、皮をところどころむいてから輪切りにしてもよいでしょう。

いためて煮る

❷フライパンにごま油を強火で熱し、なすを広げ入れます。白い部分に焼き色がつくまで、しっかりと押さえつけながら、両面ともよく焼きます（b）。

❸調味液を加え、汁をからめるようにいためます（c）。汁気がとんでつやよくなったら、火を止めます。

盛りつける

❹鉢にこんもりと盛り、しそをのせます。

焼きなす

■材料　2人分

なす2個　しょうがのすりおろし小さじ1

A〈しょうゆ小さじ2　みりん・酒各小さじ1

水大さじ2　けずりかつお2g〉1人分26kcal、塩分0.7g

❶なすは、へたの部分にぐるりと浅く切り目を入れると同時に、がくの先を切り落とします。

❷焼き網にのせ、強火で皮全体をこがすつもりでよく焼きます（レンジ台の汚れ防止に、アルミホイルを敷いておくとよい）。

❸箸ではさんでみて、やわらかければ火が通ったので、水にとり、すぐひき上げて熱いうちに皮をむきます。へたを切り、縦に4～6つに裂きます。

❹鍋にAを合わせ、1度煮立てて、こします。鉢になすを盛り、Aをはり、しょうがをのせます。

秋

きのこには加熱手早く香りよく

きのこの当座煮

コツ

一、きのこは加熱しすぎない

きのこは加熱で香りとうま味が増します。きのこは水分が多いので、料理によっては、加熱しすぎて水分や香りが一緒に逃げてしまいます。手早く調理しましょう。

■〝当座煮〟　つくだ煮風に、酒、しょうゆなどで煮ますが、つくだ煮よりはうす味で、さっと煮るような煮ものをさします。つくだ煮に対して、当座(さしあたりの間)もつので当座煮と呼びます。

■材料　2人分
なめこ・えのきだけ・好みのきのこ(しめじ・まいたけ・しいたけなど)
……………合計300ｇ
赤とうがらし ………½本

〈煮汁〉
水 ……………カップ¼
酒 ……………大さじ3
みりん ……大さじ1½
しょうゆ ……大さじ1½

1人分69kcal、塩分1.0g

＊きのこの種類はお好みでよいのですが、なめこか、えのきだけを入れたほうが、汁にとろみがついておいしい。

■献立例

さんまの塩焼きP.54
きのこの当座煮＋青菜のおひたし
栗ごはんP.109

下ごしらえ

❶**なめこ**…ざるに入れ、ざっと洗います。

ほかのきのこ…ざっと洗い（a）、それぞれ石づき(根元のかたい部分)を切り落とします。しめじ、まいたけは小分けし、えのきだけは長さを半分に切り、しいたけは薄切りにします。

赤とうがらし…種を除きます。

煮る

❷鍋にきのこ、煮汁、とうがらしを入れて火にかけます。煮立ったら中火にし、時々混ぜながら（b）、全体に火が通るまで3～4分煮ます。

＊とうふや、青菜のおひたし(P.72)にかけてもおいしいものです。

焼きまつたけ

＊秋の味覚まつたけは、あまり手をかけないほうが、香りや味が生きます。

❶土や汚れは、かたくしぼったぬれぶきんで軽くはらい（a）、流水でさっと洗います(香り豊かな表面の薄皮まで洗い流さないように)。

❷石づきは、先の土がついている部分だけを鉛筆をけずるように落とします（b）。

❸大きなものは縦に2～4つに裂きます。焼き網を熱し、裂いた面から焼きます。軽く焼けたら裏返し（c）、香りが立って水分がジュクジュク出てきたら、食べやすく裂いて皿にとります。

❹すだちをしぼり、しょうゆを少しかけて食べます。

冬

ふろふきは
だいこんゆでて
こぶで煮る

ふろふきだいこん

■材料　4人分

だいこん（太い部分）……………12〜16cm

米のとぎ汁……カップ5

こんぶ……………10cm

▼練りみその、ゆずみそ、ごまみそはお好みで。

〈ゆずみそ〉

A
- みそ………大さじ3
- 砂糖………大さじ1
- みりん………大さじ2
- だし………大さじ2

ゆずの皮のすりおろし……………小さじ1/5

（飾り）ゆずの皮のせん切り……………少々

〈ごまみそ〉

B
- 赤みそ………大さじ3
- 砂糖………大さじ1
- みりん………大さじ2
- だし………大さじ2

練りごま……大さじ1

（飾り）いりごま（黒）少々

1人分ゆずみそ74kcal、塩分1.6g
ごまみそ96Kcal、塩分1.6g

＊だいこんは年中ありますが、旬は冬。甘味のあるみずみずしいものが出回ります。葉は濃い緑で、根は白く張りがあって、ずっしりと重いものを。

＊練りみそは、温野菜や、ゆでたこんにゃくにつけてもおいしい。焼きおにぎりに塗って焼くのもおすすめです。冷蔵庫で1週間ほどもちます。

■献立例

さけの柚庵焼き P.67
ふろふきだいこん
しゅんぎくと菊のおひたし P.74

■〃ふろふき〃　漆器職人が、乾きのよくない冬場に、だいこんのゆで汁を風呂（乾燥用戸棚）に吹いて乾燥を速め、残りのだいこんを食べたことからとか。

コツ

一、面とりとかくし包丁で、きれいに

だいこんやかぼちゃを煮るときは、あらかじめ煮くずれしやすい角をとっておく（面とり）と、見ばえよく煮あがります。また、厚いので、裏に切りこみを入れておく（かくし包丁）と中心まで火が通りやすく、箸で切り分けやすくなります。

二、米のとぎ汁でまろやかな味に

米のとぎ汁に含まれるでんぷんは、だいこんのにが味や辛味の成分を吸着します。とぎ汁がなければ、米大さじ1〜2を水に加えて煮ます。

三、練りみその練り加減はゆるめに

あら熱がとれると少しかたくなるので、少しゆるめで火を止めると、よい加減になります。

a

b

c

d

e

下ごしらえ

❶だいこんは3〜4cm厚さに切り、皮を2〜3mm厚さに（内側の筋の線まで）むきます。面とり（角を包丁で2mmほど切りとる）をし、片面にかくし包丁（1cm深さくらいの十文字の切り目）を入れます（a）。

❷鍋に米のとぎ汁を入れ、だいこんを切り目を下にして入れ、落としぶたをします（b）。強火にかけ、沸とうしたら中火で10〜15分下ゆでします（ふきこぼれるので、鍋のふたはしません）。水にとって洗います。

煮る

❸鍋にこんぶを入れ、だいこんを切り目を下にして並べます。だいこんがかぶるくらいの水を入れて、落としぶたと（c）鍋のふたをのせます。強火にかけ、沸とうしたら弱火にして、やわらかくなるまで40〜50分ゆでます。だいこんの脇から竹串を刺してみて、スッと通れば煮あがりです（d）。

練りみそを作る

❹お好みのみそを作ります。

ゆずみそ…ゆずの皮は、ごく表面だけをすりおろします。Aを鍋に合わせて混ぜ、中火にかけて、木べらで1〜2分練り混ぜます。木べらで1の字を描くと鍋底に一瞬あとが残るくらいになったら（e）、火を止めます。ゆずの香りがとばないように少しさまして（あら熱をとって）から、すりおろしたゆずの皮を混ぜます。

ごまみそ…Bを鍋に合わせて中火にかけ、練り混ぜます。eのようになったら火を止め、練りごまを混ぜます。

盛りつける

❺底が平たい鉢にだいこんを盛り、練りみそをかけ、飾りをのせます。

冬

あんかけは
とろみ加減に
季節だし

かぶとえびのあんかけ

コツ

一、かぶは煮すぎない

冬から春のかぶはやわらかく、早く煮えて煮くずれしやすいものです。余熱でやわらかくなるので、少しかために仕上げます。

二、水どきかたくり粉は、煮汁に加えたらすぐ混ぜる

水どきかたくり粉は、時間がたつとでんぷんが沈むので、加える直前にもう一度混ぜます。煮汁に加えたら、ダマにならないように煮汁をすぐ混ぜます。慣れないうちは、いったん火を止め、煮汁によく混ぜてから火をつけるとよいでしょう。混ぜたあとは、必ず沸とうさせ、粉っぽさが残らないようにします。

とろみがついた汁を「あん」と呼びます。寒い時期は、あんの濃度を濃くして体が暖まるように、暑い時期はさらっとさせてと、とろみ加減で季節感を出せます。

■材料　2人分

かぶ‥‥2〜3個（250ｇ）
えび‥‥‥‥‥6尾（180ｇ）
A ┌酒‥‥‥‥‥‥‥‥小さじ1
　└塩‥‥‥‥‥‥‥‥‥‥‥少々
ゆずの皮‥‥‥‥‥‥‥‥少々

〈煮汁〉
だし‥‥‥‥‥‥‥‥カップ1
うすくちしょうゆ
‥‥‥‥‥‥‥‥‥‥大さじ½
みりん‥‥‥‥‥大さじ½

〈水どきかたくり粉〉
かたくり粉‥‥小さじ1
水‥‥‥‥‥‥‥‥‥小さじ1

1人分103kcal、塩分1.3g

＊かぶの葉は、煮もの（かぶの葉とちくわの煮びたしP.37）や、みそ汁の具、浅漬けなどにするとよいでしょう。

■献立例

豚肉のくわ焼きP.62
かぶとえびのあんかけ
菜の花のからしあえP.75

a

b

c

d

e

下ごしらえ

❶**かぶ**…茎を少し残して葉を切り落とし、皮をむいて4〜6つ割りにします。茎の間の土は竹串を使って洗い流します（a）。

❷**えび**…殻と背わたをとり（b）、Aをふって下味をつけます。

❸**ゆずの皮**…2㎝幅くらいに薄くむき、せん切りにします。

煮て、とろみをつける

❹鍋に煮汁の材料、かぶを入れて強火にかけます（c）。沸とうしたら弱火にし、ふたをして5〜6分煮ます。かぶに火が通ったら、えびを加えて1〜2分煮ます。

❺かたくり粉を水でときます。鍋の具を片寄せて、煮汁に水どきかたくり粉を加え（d）すぐ混ぜて、全体に広げます。とろみがついたら火を止めます（e）。

盛りつける

❹鉢にこんもりと盛りつけ、あんをかけます。ゆずを散らします。

季節の実
ゆでておいしい
旬の味

季節の実りをゆでる

ゆでるだけで、おやつにも酒の肴にも、時にはおかずにもなる、四季の実り。ゆで方をおさらいしましょう。

春　そら豆の塩ゆで

■材料　そら豆（さやつき）500ｇ　水カップ３　塩小さじ１強　全量分102kcal　塩分1.2g　＊空に向かって実がつくので、空豆。鮮度が落ちやすいので、さやつきを買い、その日のうちにゆでます。

❶ゆでる直前に、さやから豆をとり出します（時間がたつと豆がかたくなります）。
❷豆の爪か、反対側の下のほうに５㎜深さほどの切り目を入れます（a・しわが寄らず、味もよくしみます）。
❸分量の水を沸とうさせ、塩を加えて豆を入れ（b）、３～４分ゆでます。
❹ひとつ食べてようすをみてざるにとり、広げてさまします。冷凍できます。

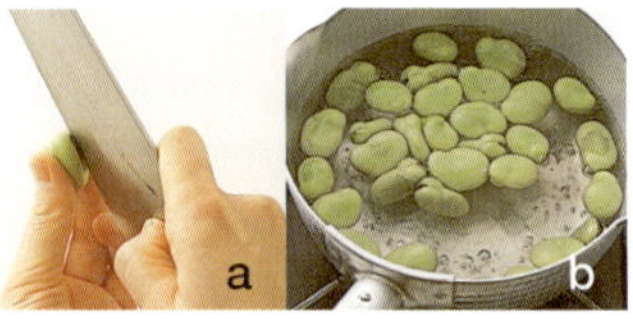

春夏　枝豆の塩ゆで

■材料　枝豆400ｇ　水カップ５　塩大さじ½　全量分275kcal、塩分2.7g

❶枝からさやを切り離します。ボールに水をはり、両手でもむようによく洗います。水気をきります。
❷ボールに入れ、塩をふってよくもみこみます（a）。
❸分量の水を沸とうさせたところに②を入れ（b）、４～５分ゆでます。
❹ひとつ食べてようすをみて、ざるにとります。塩小さじ½（材料外）をふって、全体にまぶし（c）、広げてさまします。冷凍できます。

秋冬　ぎんなん（ゆで）

殻の筋めを包丁のミネなどでたたき、割れめを入れて（a）、殻をむきます。鍋に１～２㎝深さの湯をわかし、ぎんなんの実を入れます。穴あきおたまで、ぎんなんをこするようにころがすと（b）、薄皮がむけます。３～４分ゆでて水にとり、残った皮をむいて、水気をきります。

秋　ゆで栗

■材料　栗（殻つき）500ｇ　水１ℓ
全量分515kcal、塩分0.0g

鍋にたっぷりの水と栗を入れ、ふたをしてゆでます。ゆで時間は約30分。１つ食べてようすをみます。

夏　ゆでとうもろこし

■材料　とうもろこし２本
〈水２ℓ　塩大さじ１〉１人分89kcal、塩分1.5g

とうもろこしは皮とひげを除きます。塩を加えた水に入れ（a）、落としぶたと鍋のふたをして、火にかけます。沸とうしたら中火にし、10分ほどゆでます。
＊蒸し器で（b）約10分蒸してもよいでしょう。また、とうもろこしを水でぬらしてラップに包み、電子レンジで１本（300ｇ）につき４～５分加熱しても（途中で上下を返す）。塩をふります。

焼きもの
生もの

塩焼きのおいしさ決める塩をふり

あじの塩焼き

コツ

一、焼く前にふる塩(ふり塩)は、働きもの

魚に塩をふるのは、味をつけるばかりでなく、おいしく焼くための理由があります。

①浸透圧の働きで、魚の水分と一緒に生ぐさみを外に出す。

②身をしめ、焼きくずれを防ぐ。

③魚の表面のたんぱく質が、熱で固まるのを早める。

ふり塩は、20~30cmの高さから塩をふると、均一に広がります。また、魚から出た生ぐさい水分がもどらないように、魚はざるにのせます。

二、まず、まわりを焼き固める

魚をおいしく焼くコツは、強火で短時間のうちに表面をカリッと焼き固めること。中のうま味や水分が逃げ出さないので、ふっくら、おいしく焼けます。弱火でゆっくり焼くと、水分がうま味とともに出てしまい、ぱさつきます。

覚えて便利なめやす
「あじのふり塩は、
中１尾に、小さじ½」
＊魚の種類や形(一尾か切り身か)によって変わります。

■材料　２人分
あじ ………… ２尾（300ｇ）
塩（ふり塩用）‥小さじ１
塩（化粧塩用）‥小さじ１

〈前盛り〉
筆しょうが、または杵《きね》しょうが（作り方P.70）

１人分83kcal、塩分1.0g

＊新鮮な魚は、目が澄んでいて、全体に張りがあります。また、えらは鮮やかな紅色。塩焼きには、いしもち、いさきなどの一尾魚もおすすめです。
＊前盛りには、ほかに甘酢しょうが、菊花かぶ（作り方P.70）など、さっぱりした味のものがよく合います。

下ごしらえ
❶魚は、水洗いします。
❷**えらを除く**（ａ）…「えらぶた」を開き、中の「えら（海水をろ過するので汚れている）」をとり出します。キッチンばさみで、えらのつけ根を切るととれます。
ぜいご、うろこを除く（ｂ）…あじ特有の「ぜいご（うろこが変形したかたい部分）」は、尾のつけ根から包丁をねかせて、そぎとります。うろこがあれば包丁の先でこそげます。
内臓を除く（ｃ）…盛りつけで下になる側（＝頭が右）の胸びれ下に、３～４㎝長さの切り目を入れ、内臓を出します。
❸**水気をふく**…腹の中までよく洗います。ペーパータオルで、表面、腹の中の水気を充分とります。

ふり塩・化粧塩
❹**塩をふる**…あじをざるにのせ、塩を20～30㎝の高さから、腹の中と表面にふり（ｄ）、表を上にして約15分おきます。さっと洗ってペーパータオルで水気をしっかりとります。
❺**化粧塩**…尾とひれ（胸、背、腹）に、塩を指でたっぷりすりつけ（ｅ）、こげないようにします。

焼く
❻あじを強火で焼きます。上火だけのグリルの場合、裏側から焼き、５分くらいしてよい焼き色がついたら、返します（ｆ）。このとき、身をくずさないように気をつけます（フライ返しを利用しても）。表側も強火で約５分焼きます。

盛りつける
❼平皿に、頭を左、腹を手前にして盛りつけ、右前にしょうがを添えます。

■献立例
あじの塩焼き
かぼちゃの甘煮P.31
きゅうりとわかめの酢のものP.76

秋 さんまの塩焼き

コツ 一、化粧塩は焼く直前に

化粧塩は、焼く前にふったり、ひれにつけたりします。焼きあがりに塩が白く立っておいしそうに見え、またひれがこげるのを防ぎます。しめらないように、乾いた手で、直前にふるのがコツです。

化粧塩 そのひとふりが おいしそう

■材料　２人分

さんま…２尾（300ｇ）
　塩（ふり塩用）
　　………小さじ½

〈前盛り〉
　だいこん……100ｇ
　すだち………１個

１人分294kcal、塩分1.3g

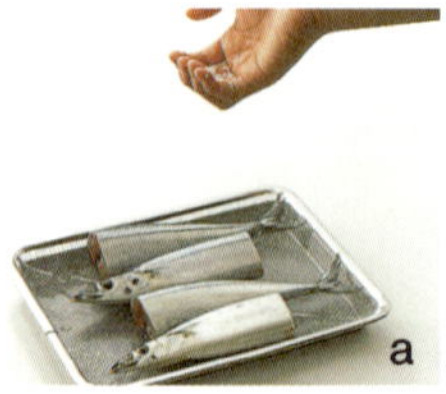

a

ふり塩

❶さんまは水洗いし、長さを半分に切ります（１尾をそのまま焼いてもよい）。さんまの内臓は、気になる場合は除きますが、新鮮なものはそのまま焼いて、ほろにがさを味わいます。

❷さんまをざるにのせ、塩を全体にふり（ａ）、約５分おきます。ペーパータオルで水気をふきとります（焼く直前に、好みで塩少々（＝化粧塩・材料外）を全体にふっても。焼きあがりに塩が立ち、おいしそうに見えます）。

❸だいこんをすりおろしてざるにのせ、自然に水気をきります。すだちは横半分に切ります。

焼く

❹強火で焼きます。上火だけのグリルの場合、盛りつけたとき裏になる側から約５分焼き、よい焼き色がついたら、返します。表側も強火で４分ほど焼きます。

❺平皿に、背を向こう、頭を左にして１尾分を盛りつけ、右前に③を添えます。

■献立例

さんまの塩焼き

卯の花いりP.28

れんこんの梅肉あえP.83

さばの塩焼き

■材料　２人分

さば････２切れ（240g）

塩（ふり塩用）小さじ½

〈前盛り〉

だいこん･･････100g

だいこんの葉２～３本

１人分261kcal、塩分1.4g

ふり塩

❶皮に切り目を１～２本入れて、味をしみやすくし、同時に皮が縮んでそり返るのを防ぎます（切り身魚はうま味が逃げるのを防ぐため、基本的には洗わない）。

❷さばをざるにのせ、塩を両面にふり（ａ）、皮を上にして約５分おきます。ペーパータオルで水気をふきとります（焼く直前に、好みで塩少々（＝化粧塩・材料外）を全体にふっても）。

❸だいこんの葉はみじん切りにして塩少々（材料外）をふり、しんなりしたら水気をしぼります。だいこんをすりおろしてざるにのせ、自然に水気をきります。おろしに葉を混ぜます。

焼く

❹強火で焼きます。焼き網の場合、皮側から５～６分焼き（ｂ）、よい焼き色がついたら、裏返します。裏側も強火で４～５分焼きます。

❺平皿に皮側を上にして盛りつけ、右前に③を添えます。

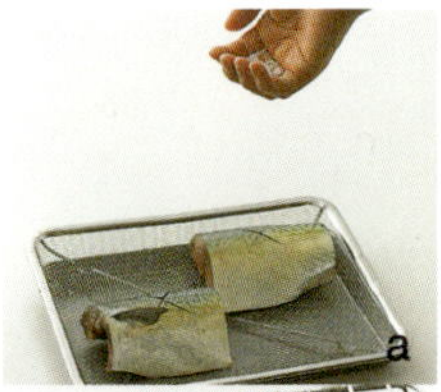

a

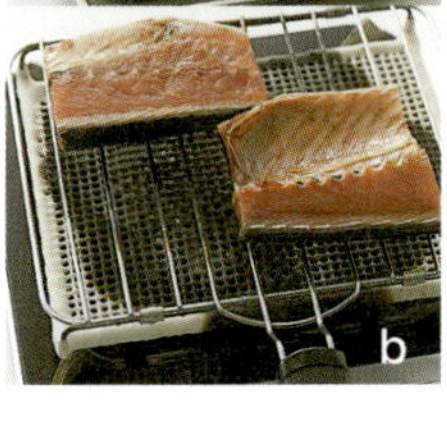

b

コツ

一、ふり塩をして、おいておく時間は魚の形や種類で変える

前ページのあじは、15分くらいおくと塩味もよく、水気も出てきます。さんまは身が細いので、ふり塩をしたら5分ほどおけばよいでしょう。切り身の魚も5～10分をめやすに。

二、皮の面積が広い魚は、皮に切り目を入れる

皮が縮んでそり返るのを防ぎ、塩味のしみこみもよくなります。

さしみの美 ひと引きごとの 並べ技

さしみ

コツ

一、よく切れる包丁で

ふつうの包丁で充分切れますが、切れない包丁でさしみを切ると、見た目が悪くなるばかりではありません。舌に感じるなめらかなおいしさも得られません。

二、ひと引きで切る

まぐろやたいを切るときは、包丁の刃元から入れて引き、刃先で切り終えます。包丁が動かしやすいように、まな板の手前に魚を置くのがコツです。

三、切り終えたあとをきれいに

ひと切れ切り終えたら、盛りつけを意識して、まな板に順に重ねたり、位置を動かさないようにしたりします。

覚えて便利なめやす
「さしみの盛り数は、
奇数で盛るのがルール」

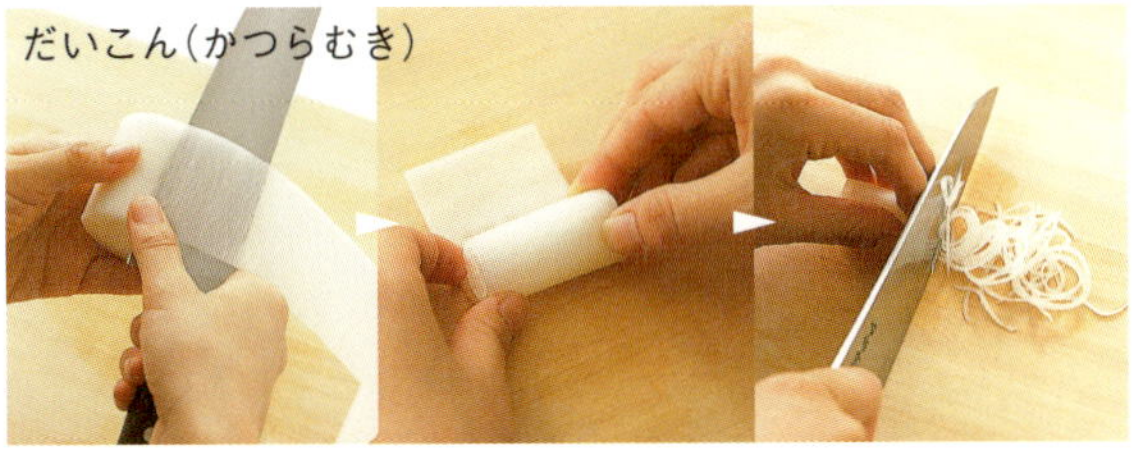

■献立例

さしみ
かき揚げP.91
浅漬けP.86

■材料　4人分
まぐろ（さく）……100g
たい（片身）
　…………1枚（100g）
いか ……1ぱい（300g）
〈つま〉
　だいこん……5〜6cm
　しその葉…………4枚
練りわさび…………少々
1人分122kcal、塩分0.4g
＊つまは、主材料であるさしみに添えるもの（野菜や海藻）。

つまを作る

だいこんは皮をむき、薄く切って重ねます。端からせん切りにします。水に放してパリッとさせ、水気をきります。（皮をむく要領で「かつらむき」ができるなら、10cm長さくらいずつむいて重ね、丸めて端からせん切りにします）。
＊市販のさしみについてくるだいこんも、さっと洗って水気をきり、盛り直すときれいです。

魚介を切る

まぐろを切る（平《ひら》づくり）…
❶さくをまな板の手前にのせます。さくの右手前の角に包丁の刃元を入れ、刃元から刃先へと手前にひと引きして切り離します。7〜8㎜間隔で切ります。
❷切ったものは右にずらしながら、並べていきます。

たいを切る（そぎづくり）…
❶皮側を上、身の厚いほうを向こうにして、まな板の手前にのせます。たいの左端から、包丁を右に傾け、刃元から刃先へと手前にひと引きし、切り離します。5〜6㎜厚さに切ります。
❷切ったものは、右から順に重ねていきます。

いかを切る（糸づくり）…
❶足と内臓を引き抜きます。胴の中の軟骨をとり、エンペラをはずしながら胴の皮をむきます。胴を切り開いて1枚にします（いかの処理の仕方→P.25）。
❷胴を縦2〜3等分に切ります。包丁の刃先を引きながら5㎜幅に細く切ります。形をくずさず、そろえておきます。

盛りつける

❶平皿につまを山高にふんわりと置きます。まぐろの色が移らないように、しその葉を置き、そこにまぐろを立てかけるように3切れ、または5切れ盛ります（日本料理では盛りつけは奇数が基本です）。全体に立体感をもたせます。
❷たいは2つに折るようにこんもりと並べ、いかはそろえて端を折り、ボリュームをもたせます。わさびを添えます。

あじのたたき

■"たたき"は2つあります。あじなどの骨や皮をとり、包丁で身をたたいてつくるたたきと、かつおの皮を軽く焼いて薬味で食べるたたきです。

「三枚おろし」にする

❶(1)胸びれの下から包丁を入れ、頭を切り落とします。尻びれのところまで切りこみを入れ、はらわたをかき出します。水でよく洗って、水気をふきとります。

(2)頭の切り口から中骨の上にそって包丁を入れ、尾に向けて切っていき、2枚に切り離します。

(3)骨のついているほうを下に置き、中骨のすぐ上から包丁を入れて、中骨を切り離します。

(4) 2枚の身と1枚の骨で3枚になります。このことから「三枚おろし」と呼びます。

(5)両方の身の腹骨をそぎとります(a)。身の中骨部分に残った小骨を、骨抜きで頭のほうに向かって抜きます(b)。

身をたたく

❷頭のほうから尾に向けて皮をむきます(c)。

❸身をあらく切り、ひとまとめにして、トントンと包丁でたたいてきざみます。細かくなったらしょうがと万能ねぎも混ぜて、なじむ程度にたたきます(d)。

■材料　2人分

あじ(さしみ用)
……….中2尾(350g)

しょうが (みじん切り)
…………1かけ(10g)

万能ねぎ(小口切り)
………………2～3本

〈つま〉

だいこん(せん切り) 5cm

みょうが(せん切り) 1個

しその葉…………2枚

穂じそ……………4本

1人分107kcal、塩分0.3g

■献立例

あじのたたき

揚げだしどうふP.96

きゅうりとわかめの酢のものP.76

初夏
かつおのたたき

コツ

一、香味をのせて、味をなじませる

皮つきのかつおは、皮を軽く焼くと香ばしくなり、皮も食べやすくなります。「かつおのたたき」の由来は、塩をふってたたくから、また、香味野菜をのせてたたくからといわれます。

■材料　4人分

かつお（たたき用皮つき）
…………1節（350g）

塩……………小さじ1

〈下味用薬味〉

だいこん（すりおろす）…80g

レモン汁………½個分

〈薬味〉

万能ねぎ（小口切り）…2本

しその葉……3～5枚

だいこん（すりおろす）…80g

しょうが（すりおろす）…15g

にんにく（すりおろす）…1片

レモン（くし形切り）…½個

1人分78kcal、塩分0.5g

＊初夏に黒潮にのって北上する初がつおは、淡泊な味わいが特徴。秋から南下してくる「もどりがつお」は、脂がのって濃厚な味わいです。

＊三枚におろした魚の身を、さらに背と腹に分けた1つを1節《ふし》と呼びます。

直火で表面をあぶる（またはフライパンで焼く）

❶かつおは塩をふって（a）、5分ほどおきます。

❷まな板にかつおの皮を下にして置き、金串5本を扇状（末広）に刺します（フライパンで焼く場合は不要）。氷水を用意します。

❸強火の直火にかつおをかざし（b）、全部の面を表面だけ焼きます。氷水にさっとつけてすぐとり出し、金串を回しながら抜いて、水気をふきます（フライパンの場合は油少々を敷き、表面を焼きます・b'）。

香味をたたく

❹ラップの上にかつおを皮を下にして置きます。下味用のだいこんおろしをのせてレモン汁をかけ、包丁の腹で軽くたたいてなじませます（c）。ラップで包み、冷蔵庫に30分ほどおきます。

盛りつける

❺薬味のしその葉は、飾り用を残してほかはせん切りにし、水にさらして水気をきります。

❻かつおのだいこんおろしを除き、1㎝幅に切ります（d・切り方→P.57平づくり）。

❼平皿に盛り、薬味をのせます。しょうゆかぽん酢で食べます。

かば焼きはカリッと焼いてたれからめ

いわしのかば焼き

コツ

一、かたくり粉は焼く直前に

時間がたつと、魚の水分でべたついてくるので、焼く直前に粉をつけます。粉をつけると、焼いて香ばしいほか、いわしの身がくずれず、たれがよくからみます。

二、たれづけは手早く、魚は裏返しません

いわしは中まで火を通して、最後にたれをさっとからめます。身がくずれやすいので、返さずに、スプーンでたれをかけてからめます。

たれはすぐ煮つまるうえ、あら熱がとれると濃度がつくので、とろみが少しついたら、火を止めます。

三、調味料の働き

しょうゆやみりんに含まれるアミノ酸と、みりんや酒、砂糖の糖分は、合わせて加熱すると、こうばしく、色や照りもよくなります。

■〝蒲焼《かば》き〟　うなぎ、あなご、さんま、いわしなど、比較的くせのある魚に、濃厚なたれをつけて焼く料理につけられる名前です。昔、うなぎを串に刺して丸焼きにしていたのが、「蒲(がま)の穂」の形に似ていたことから。

覚えて便利なめやす

「かば焼きだれは
砂糖　：しょうゆ：みりん：酒＝
½～1：　1　：　1　：1」

いわしの手開き

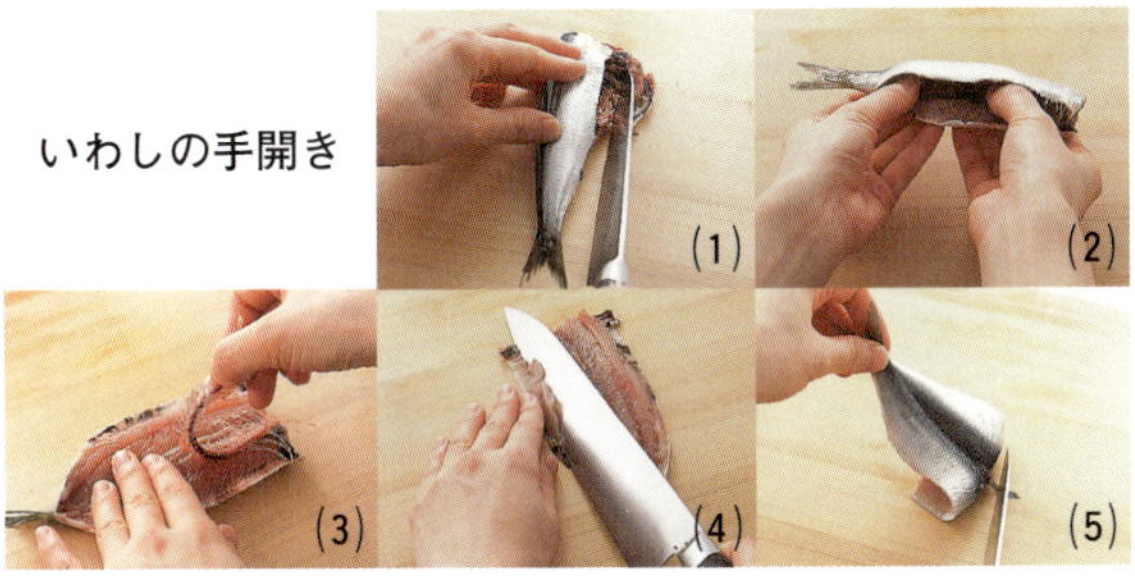

下ごしらえ

❶**いわし**…左写真のとおりに「手開き」にします。

◀いわしは身がやわらかいので、手で開けます。

(1) 頭を落とし、腹を少し切り落として内臓を出します。洗って水気をふきます。

(2) 中骨の上に両親指を入れ、指をすべらせて骨から身をはずして開きます。

(3) まな板に置き、尾の手前で中骨を折って身からはずします。

(4) 包丁を寝かせ、腹骨をそぎとります。

(5) 背びれを包丁で押さえて、尾を引きながら切り落とします。

❷**たれ**…調味料を合わせます。

❸焼く直前に、いわしの両面にかたくり粉をつけ（a）、余分な粉をはたいて落とします。かたくり粉は、茶こしでふるうと薄くつけられます。

焼いて、たれをからめる

❹**焼く**…フライパンにサラダ油を入れて強めの中火で熱し、いわしを身を下にして入れます（先に焼く面がきれいに焼けます）。3分ほどして、こんがりとよい焼き色になったら裏返し（b）、2～3分焼いて、とり出します。

❺**たれをからめる**…フライパンをペーパータオルでふいていわしの脂をふきとります。たれを入れて中火で熱します。煮立ってきたら、いわしを身を上にしてもどし入れます（c）。裏返さずにスプーンでたれをかけ（d）、手早く全体にからめます。たれが煮つまる前に火を止めます。

盛りつける

❻平皿に、尾を右、身を上にして盛りつけます。たれをかけて、つやよくします。甘酢しょうがを添え、いわしに粉ざんしょうをふります。

■材料　2人分

いわし……中2尾(200g)
　かたくり粉……大さじ1
　サラダ油………大さじ1
粉ざんしょう………少々

〈たれ〉
　砂糖…………大さじ½
　しょうゆ………大さじ1
　みりん………大さじ1
　酒……………大さじ1

〈前盛り〉
甘酢しょうが(作り方P.70)
　…………………少々

1人分153kcal、塩分1.5g

＊いわしは鮮度が命。その日に食べるのが無理なら、頭と内臓はとり、ラップで包んで冷蔵庫へ。翌日、加熱して食べましょう。

■献立例

いわしのかば焼き
茶碗蒸しP.100
ふきと油揚げの煮ものP.40

豚肉のくわ焼き

■〝くわ焼き〟　昔、農作業の合間にとった野鳥を、くわにのせて焼いて食べたことから、といわれます。

■献立例

豚肉のくわ焼き

ひじきの煮ものP.27

浅漬けP.86

下ごしらえ

❶**アスパラガス**…根元とかたい皮を除き、5㎝長さの斜め薄切りにします。

かぼちゃ…7～8㎜厚さのくし形に切ります。

たれ…材料を合わせます。

豚肉…かたくり粉をつけ、余分な粉をはたいて落とします。

焼いて、たれをからめる

❷フライパンに油大さじ½ずつの油で、アスパラガスとかぼちゃをそれぞれいためてとり出します。

❸油大さじ１を熱し、強めの中火で肉を両面焼きます。

❹よい焼き色がついたら、たれを入れます（a）。肉を返しながらたれをからめ（b）、たれが煮つまる前に火を止めます。

■材料　２人分

豚ロース肉（４～５㎜厚さ）
…………………160ｇ

かたくり粉‥大さじ１½

サラダ油……大さじ１

〈たれ〉

砂糖…………大さじ½

しょうゆ・みりん・酒
…………各大さじ１

〈つけ合わせ〉

グリーンアスパラガス
…………………80ｇ

かぼちゃ …………80ｇ

サラダ油……大さじ１

１人分410kcal、塩分1.4g

とり肉の鍋照り

コツ

一、とり肉は、たれで蒸し焼きに

いわしのかば焼き（P.60）や豚肉のくわ焼きは、焼きあがりにたれをさっとからめるだけ。とり肉は火が通りにくく、じっくり焼きたいところですが、下味のしょうゆがこげやすいため、たれの水分も加えて蒸し焼きにします。たれが煮つまると、つやよくなります。

■材料　２人分

とりもも肉

　　…………1枚（250ｇ）

A ┌しょうゆ‥大さじ½
　└酒 …………大さじ½

ししとうがらし‥４本

サラダ油‥大さじ½強

〈たれ〉

　砂糖・しょうゆ・みりん・酒…各大さじ１

１人分317kcal、塩分2.2g

下味をつける

❶**とり肉**…味がしみこみやすいように、皮をフォークか竹串でつついて穴をあけます。半分に切り、Aの調味料をふって、10〜15分おきます（a）。途中で上下を返します。

たれ…調味料を合わせます。

ししとう…へたを切りそろえます。

a

焼いて、たれをからめる

❷フライパンに油少々を熱し、ししとうをさっといためて、とり出します。

❸油大さじ½をたして熱し、とり肉の汁気をきって、皮のほうから強火で焼きます。両面に焼き色がついたら（中は生でよい）、１度とり出し、フライパンの脂や汚れをペーパータオルでふきとります。

b

❹続いて、たれを入れ、煮立ったら肉をもどし（b）、ふたをして弱火で中まで火を通します（５〜６分）。たれが煮つまってきたら（c）、肉を返してからめ、火を止めます。

c

❺ひと口大に切って盛りつけます。

■献立例

とり肉の鍋照り

かみなりこんにゃくP.35

うどとかにの酢のものP.79

照り焼きは八分《はちぶ》焼けたらたれを塗る

ぶりの照り焼き

覚えて便利なめやす
「照り焼きだれは、しょうゆ：みりん：酒＝同量」

コツ

一、切り身魚は洗わない
一般的に、切り身魚は、うま味が逃げるので洗いません。血などが気になるなら、さっと洗い、ペーパータオルなどで水気をよくとります。

二、下味をつける
たれの調味料で味がつくだけでなく、魚のくさみがやわらぎ、身がひきしまります。そのため、焼いたときにうま味が逃げにくくなります。

三、たれは、最後に手早く
魚が八分どおり焼けたところに、たれを塗ります。たれはそのまま、または照りがつきやすいように煮つめて濃度をつけます。魚の表になる面だけに塗り、塗っては、焼き乾かして、手早く2〜3回塗り重ねます。はけは1度水にぬらしてしぼってから使うと、においがつきにくくなります。

四、盛りつけの表裏
基本は、皮を向こうに盛ります。が、切り身の形はいろいろ。皮面が広くて厚みがある場合は、照りのきれいな身側を表にします。照りが美しく見える側を表にすると考えればよいでしょう。

■材料　2人分
ぶり ……2切れ（200ｇ）
菊花かぶ（作り方P. 70）
………………2切れ

〈たれ〉
しょうゆ……大さじ1
みりん ……大さじ1
酒…………大さじ1

1人分273kcal、塩分2.0g

＊ぶりの切り身は、背身（皮色が黒っぽい）と腹身（皮色が白っぽい）に分けて売っていることも。腹身のほうが脂がのっています。好みで選んでください。

■献立例
ぶりの照り焼き
かぶの葉とちくわの煮びたしP.37
かぼちゃの甘煮P.31

a

b

c

d

下味をつける
❶トレーにたれを合わせます。ぶりをたれに30分ほどつけます（a）（身が厚いとか、脂がのっている場合は、味がつきにくいので、少し長めにつけます）。途中、上下返します。

焼いて、たれを塗る
❷**焼く**…ぶりの汁気をきり、グリルで強火で焼きます。上火のグリルの場合は裏側から焼き、3〜4分焼いたら表に返して（b）5〜6分焼きます。
❸**たれを煮つめる**…焼いている間に、たれを鍋に入れ、約半量になるまで強火で煮つめます（c）。
❹**たれを塗る**…魚がほぼ焼けたら、表側だけに、煮つめたたれを、はけで塗ります（d）。塗ったらグリルにもどしてさっと乾かし、これを手早く2〜3回くり返して、表側をつやよく仕上げます。たれは残ってもかまいません。

盛りつける
❺平皿にぶりを盛りつけ、右前に菊花かぶを盛りつけます。

春 さわらの木の芽焼き

コツ

一、季節の香りを焼きつける

さんしょうの木の芽（春）、穂じそ（しその花穂・夏）、ゆず（冬）などを、照り焼きのたれにプラスすると、季節感が出ます。香りは加熱でとびやすいので、たれは煮つめなくてもかまいません。また、仕上がりにものせると、香りはより際立ちます。

a

b

■献立例

さわらの木の芽焼き

キャベツのごま酢あえP.78

たけのこごはんP.108

下味をつける

❶**木の芽**…飾り用の5～6枚を残し、残りはあらくきざみます。たれの調味料をトレーに合わせ、きざんだ木の芽を混ぜます。

さわら…たれにつけ（a）、20～30分おきます。

うど…厚めに皮をむき、水にさらします。Aで2～3分煮て、汁ごとさまし、味を含ませます。

焼いて、たれを塗る

❷以降は、ぶりの照り焼き（P.65）と同じです（b）（たれは、煮つめなくてもかまいません）。平皿に盛り、木の芽の葉をつんで散らします。うどを右前に添えます。

■材料　2人分

さわら……2切れ（200g）

〈たれ〉

木の芽……………15枚

しょうゆ……大さじ1

酒……………大さじ1

みりん………大さじ1

〈前盛り〉

うど………20cm（60g）

A
- だし………カップ½
- うすくちしょうゆ…………小さじ1
- みりん……小さじ1

1人分207kcal、塩分1.8g

＊さわらのほかに、たい、かじき、いかなどが合います。

旬魚《しゅんざかな》 香りつけ焼き 四季の味

冬 さけの柚庵《ゆうあん》焼き

■材料　２人分

生さけ ･････２切れ（200ｇ）
　塩 ･･････････････････少々
〈たれ〉
　ゆず ･･･････････････¼個
　しょうゆ･･･････大さじ１
　酒････････････大さじ１
　みりん ･････････大さじ１

１人分164kcal、塩分1.6g

＊さば、まながつおなども合います。

■〝柚庵〞　江戸時代の茶人、北村祐庵が考案したといわれるゆずを使った料理。幽庵とも祐庵とも書かれます。

下味をつける

❶**さけ**…両面に塩をふり、ざるにのせて10分ほどおき、くさみをとります。水気をふきます。
ゆず…皮を薄くむき、せん切りにして飾り用にとりおきます。残りの実を薄切りにし、たれの材料とトレーに合わせます。

❷たれにさけをつけ（ａ）、20～30分おきます。

焼いて、たれを塗る

❸以降は、ぶりの照り焼き（P.65）と同じです（ｂ）（たれは、煮つめなくてもかまいません）。平皿に盛りつけ、ゆずの皮をのせます。

■献立例

さけの柚庵焼き
いかとさといもの煮ものP.24
みつばのわさびじょうゆP.75

コツ

一、生ぐさみはふり塩でとる

ゆずのほのかな香りを生かしたいのですが、さけは生ぐさみが気になります。そんなときは、前もってふり塩をします（ふり塩の働きP.52）。

「みそ少量
塗っておくだけ
手間いらず」

白身魚の
みそ漬け焼き

■材料　2人分

ぎんだら…２切れ（200ｇ）

　塩……………小さじ¼

〈調味みそ＝みそ床〉

　みそ…………大さじ３

　みりん………大さじ２

〈前盛り〉

　ラディッシュ……２個

１人分230kcal、塩分2.4g

＊魚は、たい、まながつお、かじき、生さけ、いかなどで。

＊みそはお好みのものでかまいません。たとえば、西京みそなら甘い味になります。少量でできるので、余ったみそを利用したり、魚や肉が余ったときも便利。みそ床は、みそとみりんを少量たせば２回くらい使い回しがききます。

■献立例

白身魚のみそ漬け焼き
きんぴらごぼう P.32
しゅんぎくと卵のみぞれあえ P.83

コツ

一、みそがこげる香ばしさを生かす

みそのたんぱく質は魚・肉の生ぐさみを吸着します。みそには強い香りと味があり、焼くとよい香りが生まれます。みそ漬けは甘味も加わって、こげやすいので、ついたみそは焼く前にとり除きます。グリルの焼き網が上下高さの違うものなら、低いほうにして、みそ漬けを火から遠ざけます。火加減もようすを見ながら、弱めにします。

二、みその保存性を利用

みその塩分と、抗酸化物質が、微生物の繁殖をおさえます。そのため、みそに漬けたものは、保存性が高まります。ここでも、みそ漬けにしてから約１週間冷蔵保存がききます。

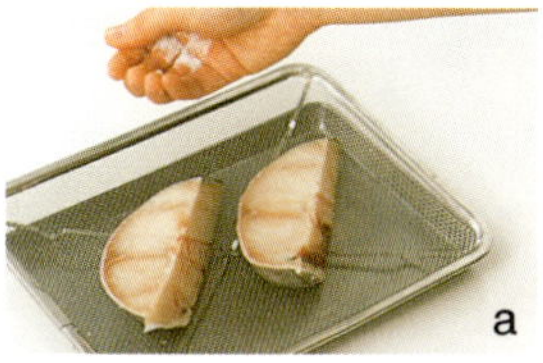
a

b

c

d

調味みそを塗って、漬ける

❶**ぎんだら**…生ぐさみをとるために、塩をふり（ａ）、10分ほどおいて、水気をふきとります。

調味みそ…みそとみりんを混ぜます。

❷ラップを広げて調味みそを半量のばし、魚をのせます。魚の上に残りのみそを塗りつけます（ｂ）。

❸ラップでぴっちりと包み（ｃ）、冷蔵庫に入れて、２～３時間おきます（このまま約１週間もちます）。

前盛りを作る

❹ラディッシュは葉つきのまま縦半分に切り、根に細かい切りこみを入れます。根の部分だけ塩水（水カップ１＋塩小さじ１）に10分ほどつけ、しんなりさせます。

焼く

❺みそをゴムべらなどでこそげとります。好みで魚を切り、こげやすいので中～弱火で焼きます（ｄ）。

❻平皿に、背を向こうにして魚を盛りつけ、右手前にラディッシュを添えます。

豚肉のみそ漬け焼き

＊肉（とりもも肉、ステーキ肉など）でも同様に作れます。

❶豚ロース肉２枚（200ｇ）は、焼くと身が縮んでそるので、赤身と脂身の境にある筋をところどころ切ります（ｅ）。

❷上記と同じみそ床に漬け（ｆ）、フライパンで焼きます（ｇ）。

❸オクラ２本を塩少々でこすり、さっとゆでたものを添えます。

１人分329kcal、塩分0.7g

e

f

g

和の香り

あしらい少しで料理生き

和食に香りのものを添えると、味がひきしまり、季節感が出ます。

たとえば汁ものに散らす「吸い口」は、ほのかな香りが食欲をそそります。よく使う香味と、吸い口にするときの切り方などをまとめました。

【吸い口に】

しその葉（葉を丸めてせん切りにし、水にさらす）	ごま（指先でひねっても）・粉とうがらし・粉ざんしょう

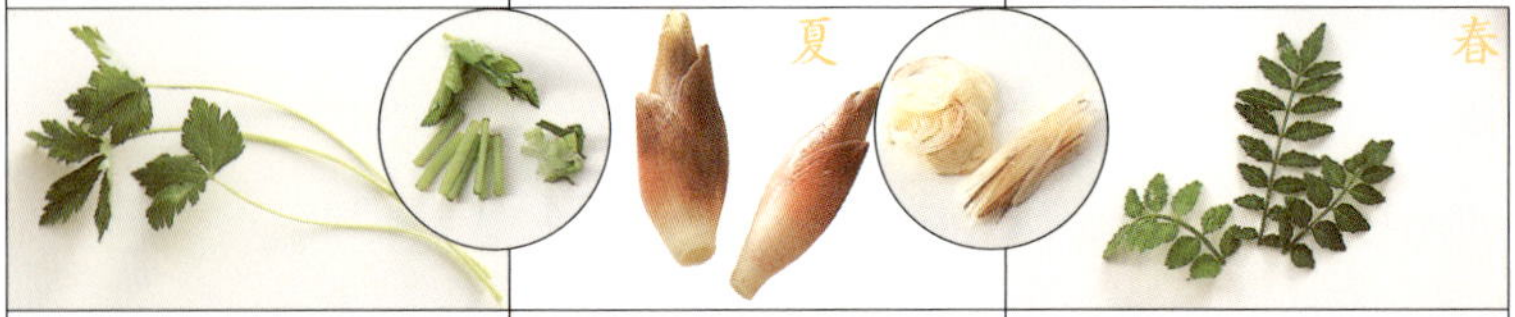

みつば（短く、または細かく切る）	みょうが（小口切り、せん切りにし、水にさらす）	木の芽（手でたたくと香りがきわだちます→P.39）

ゆず（表面を薄くそぐ「へぎゆず」にし、さらにせん切りにしても）	小ねぎ（小口切り）	ふきのとう（みじん切りにし水にさらす、または小さな〝がく〟を使う）

【前盛りに】

主になる料理をひきたてるために添えるものを「あしらい」といいます。料理の上にのせるのは「天盛り」、前に添えるのは「前盛り」。前盛りは、器とのバランスでやや右前に置くことが多いようです。

焼き魚などに添える前盛りは、口をさっぱりさせる、酸味のあるものをよく使います。

かぼす・すだち

甘酢しょうが

■材料　新しょうが40g　甘酢〈砂糖大さじ1　酢大さじ2　塩少々〉　全量33kcal、塩分0.2g　＊ひねしょうがでも作れますが、初夏に出回る新しょうがで作ると、やわらかく淡いピンク色にできあがります。

❶しょうがは、よごれた部分はこそげとり、薄切りにします。

❷甘酢は１度煮立てます。

❸しょうがを熱湯にさっと通し（a）、水気をきって甘酢につけます（b）。１週間ほどもちます。

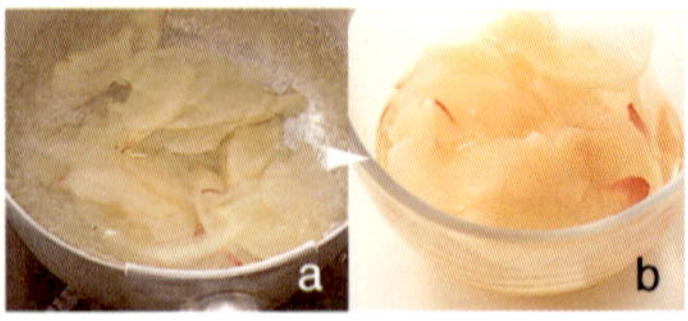

菊花かぶ

■材料　かぶ小４個（200ｇ）　甘酢Ａ〈酢大さじ３　砂糖大さじ１　だし大さじ１〉　赤とうがらしの輪切り½〜１本分　全量分56kcal、塩分2.5g

❶かぶは皮をむき、上から¾厚さくらいまで縦横に細かく包丁を入れます。割り箸ではさみ、ストッパーにするとよいでしょう（a）。裏は、浅い十文字の切り目を入れて味をしみやすくします。

❷塩水（水カップ２、塩小さじ１）につけ、皿１枚の重しをのせて約15分おきます。

❸Ａを混ぜ、とうがらしを加えます。

❹かぶがしんなりしたら、水気を軽くしぼり（b）、③につけて30分以上おきます。大きさに合わせ２〜４つ割りにし、菊の花に見立てます。

筆しょうが（杵《きね》しょうが）

■材料　葉しょうが２本　甘酢〈酢大さじ２　砂糖大さじ１　塩少々〉　１本分12kcal、塩分0.1g

❶茎はもち手の部分を残して切り落とします。根の先の皮を薄くむきながら形を整えます。筆や杵の形になぞらえるのが伝統的です。

❷甘酢は１度煮立てます。

❸湯をわかし、根だけを10秒ほどゆで、甘酢につけます。１週間ほどもちます。

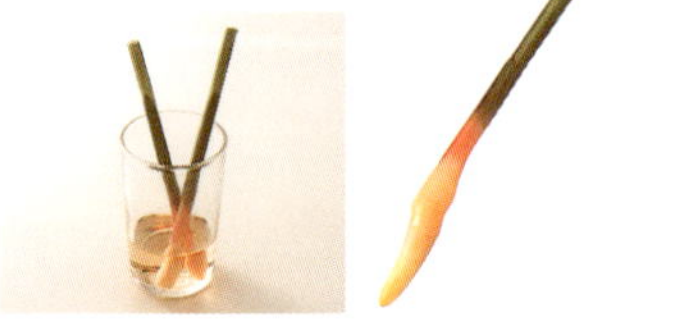

おひたし
酢のもの
あえもの

ほうれんそう 塩がなくても 青々と

ほうれんそうのおひたし

コツ

一、青菜は、高温・短時間でゆでる

ほうれんそうなどの緑のもとは葉緑素。色を悪くさせるのは青菜自体に含まれる酸です。この酸は水に溶け、蒸発します。酸を一気に蒸発させるには、高温で短時間に加熱することがコツ。たっぷりの沸とう湯に、青菜を適量入れて温度が下がらないようにし、短時間にゆでます。そして水にとって急冷すれば、塩を入れなくても緑鮮やかに仕上がります。

塩を加えて緑を鮮やかにする効果があるのは、湯の量の2％以上の塩が必要（湯500㎖に対し塩小さじ2以上）。これだと、材料にも塩味がついてしまいます。

二、水気しぼりは1度で決める

ほうれんそうの水気のしぼり具合は、かたくもなくゆるくもなく。むずかしいですが、ほうれんそう自体の水分が出てくるようではしぼりすぎです。また、切り分けてから再度しぼると形がくずれます。切り口を見せて盛る場合は、切る前にきっちりしぼります。

三、しょうゆ洗いで味をひきしめる

しょうゆ洗いは、材料に少量のしょうゆをまぶしてその汁気をきる、下ごしらえの調理法です。料理が、水っぽくなく、シャキッとした味に仕上がります。

■材料　2人分

ほうれんそう
…………½束（150ｇ）
しょうゆ……小さじ¼

〈割りじょうゆ〉
しょうゆ……小さじ1
だし…………大さじ1

〈天盛り〉
けずりかつお……少々

1人分16kcal、塩分0.4g

＊割りじょうゆは、だしでしょうゆを割ってやさしい味にしたもの。
＊天盛りは、盛りつけた上にさらにのせること。「まだ手をつけていません」の意味もあります。しょうが、しそ、木の芽、ごま、けずりかつおなどが使われ、季節感を出したり、味を引き立てたりします。
＊だしを少量とる方法（→P.5）。

ゆでる

❶ほうれんそうは根がついていれば、切り落とします。葉を広げるようにして、根元の泥をよく洗い落とします。太いものは根元に十文字の切り目を入れます。

❷たっぷりの熱湯をわかし、ほうれんそうを根元のほうから入れます（a）。鍋が小さければ½〜⅓量ずつ分けてゆでます。

❸再び沸とうしたら、上下を返し（b）、ひと呼吸おいて、水にとります。

水気をしぼって、切る

❹水を1〜2回かえ、さめたら水中で根元をそろえて（c）、根元から葉先に向かって水気を軽くしぼります（d）。

❺しょうゆ小さじ¼を全体にかけ（e）、再び水気をしっかりしぼります（しょうゆ洗い）。中心までしょうゆがいきわたる分、水っぽさがとれ、下味がつきます。

❻根元は少し切り落とし、3〜4㎝長さに切ります。このとき、長さ半分に切って根元と葉先を重ねてから切ると、太さが均一になります。

盛りつける

❼小鉢にほうれんそうを盛ります。切った束を横向きか縦向きに（または全体を混ぜて山高に）盛ります。しょうゆとだしを合わせ、食べる直前にかけます。けずりかつおを中央にのせます。

■献立例

きんめの煮つけP.18
切り干しだいこんの煮ものP.26

ほうれんそうのおひたし

しゅんぎくと菊のおひたし

コツ

一、しょうゆであえるのは食べる直前にしょうゆであえてから時間をおくと、青菜の色が悪くなり、水っぽくなります。

a

b

■献立例

さばの塩焼きP.55
しゅんぎくと菊のおひたし
五目豆P.29

❶**しゅんぎく**…茎のかたい部分を1㎝くらい切り落とします。たっぷりの熱湯にしゅんぎくを入れて、湯が再び沸とうしてきたら、上下を返します。再度沸とうしたら、水にとります。水の中で茎をそろえて束ね、水気をしぼります。3～4㎝長さに切ります。

❷**黄菊**…花びらをつみとります(a)。中心はかたいので残します。熱湯に酢を加え(カップ1の湯に酢小さじ1の割合)、菊の花びらをさっとゆでます。水にとり、ざるにとってしぼります。

あえる

❸ボールにしょうゆとだしを合わせ、割りじょうゆを作ります。しゅんぎくと黄菊を加えてざっと混ぜます(b)。

■材料　2人分

しゅんぎく…½束(100g)
黄菊 ……1～2個(10g)

〈割りじょうゆ〉

しょうゆ…….大さじ½
だし…………大さじ1

1人分14kcal、塩分0.6g

＊菊は、ゆでる湯に酢を加えると色鮮やかになります。菊が手に入ったときにまとめてゆでて小分けし、冷凍しておくとよいでしょう。

菜の花のからしあえ

■材料　２人分

菜の花 ……½束（100ｇ）

〈からしじょうゆ〉

練りがらし

………小さじ¼～½

しょうゆ……大さじ½

だし…………小さじ１

１人分24kcal、塩分0.7g

❶菜の花は、茎のかたい部分を１㎝くらい切り落とします。

❷たっぷりの熱湯に入れて、１～２分ゆで、茎を指先でつまんでみてかたくなければ、水にとります。水の中で茎をそろえて束ね、水気をしぼります。３㎝長さに切ります。

あえる

❸ボールにからしじょうゆの材料を混ぜます。菜の花をあえます。

みつばのわさびじょうゆ

■材料　２人分

みつば………１束（70ｇ）

かまぼこ３㎝厚さを１切れ

焼きのり（細切り）…¼枚

〈わさびじょうゆ〉

練りわさび

………小さじ¼～½

しょうゆ……小さじ１

だし…………大さじ½

１人分25kcal、塩分0.8g

❶**みつば**…熱湯でさっとゆでます。水にとり、３～４㎝長さに切って、水気をしぼります。

かまぼこ…１㎝幅のたんざく切りにします。

あえる

❷ボールにわさびじょうゆの材料を混ぜます。①をあえます。のりをのせます。

あえ上手 食べる寸前さっとあえ

きゅうりとわかめの酢のもの

■"二杯酢・三杯酢" 合わせ酢のうち「二杯酢」とは「酸味+塩味」の2つの味、「三杯酢」は「酸味+塩味+甘味」の3つの味という意味です。塩味はしょうゆや塩、甘味は砂糖やみりんを使います。

調味料にはそれぞれの持ち味や性質があるので同じとはいえませんが、塩をしょうゆに変えるなら、塩1に対してしょうゆは約5倍量。甘味は、砂糖1に対してみりんなら約3倍量をめやすにします。

素材や味の濃淡の好みによって、さらに、酒やだしを加えます。

コツ

一、塩をふり、まず水分を出しておく

きゅうりをそのまま合わせ酢であえると、塩の濃度が濃い合わせ酢のほうに水分が出て水っぽくなります。そこで、あらかじめきゅうりに塩をふり、混ぜて、または軽くもんでおき、浸透圧の働きによって水分を外に出しておきます（塩もみ）。調味液も吸いやすくなります。塩もみの塩は、きゅうりの場合、約1％（きゅうり1本に対して塩小さじ¼程度）が適当です。

二、あえものを水っぽくしないコツ

・材料の水気をきちんとしぼる

・食べる直前にあえる

材料から水分が出ると味が薄まります。また、酢のものでは、あえてから時間がたつと、緑の野菜やわかめなどの色が悪くなります。

三、みりんや酒が多いときは煮きる

加熱しない料理では、アルコール臭が気になります。鍋で1度沸とうさせるか、電子レンジで加熱（大さじ1で20～30秒）すると、アルコール分がとびます。これを「煮きる」といいます。ただし、家庭のおそうざいで、小さじ1程度なら、煮きらずそのまま使っても。

覚えて便利なめやす

「三杯酢は、
酢：しょうゆ：みりん＝３：１：１」

＊上記の味を見ながら、だしで割ります。だしは、酢の半量から同量くらいがめやすです。

■材料　２人分

きゅうり……………１本
　塩……………小さじ¼
わかめ（塩蔵）………10ｇ
しょうが….１かけ（10ｇ）

〈三杯酢〉
　酢……………大さじ１
　しょうゆ…….小さじ１
　みりん………小さじ１
　だし…………大さじ１

１人分18kcal、塩分0.7g

＊少量のだしのとり方→P.5

a

b

c

d

e

下ごしらえ

❶**きゅうり**…洗ってまな板の上で塩小さじ¼（材料外）をまぶし、手で板の上をころがします（a・板ずり）。こうすると、色が鮮やかになります。水でさっと洗います。

❷薄い小口切りにします。塩小さじ¼をふって軽く混ぜ（b）、５～10分おきます。片手にのる分量ずつとり、水気をしぼります（c）。

❸**しょうが**…皮をこそげ、繊維にそって薄切りにしてから、ごく細いせん切りにし、水にさらします（針しょうが）。

❹**わかめ**…洗って、水に２～３分つけてもどします。熱湯にさっと通して水にとり、水気をしぼります（色が鮮やかになる）。２～３㎝長さに切ります。

三杯酢であえる

❺三杯酢の材料をボールに合わせます。食べる直前にきゅうり、わかめを入れてあえます（d）。

盛りつける

❻小鉢に山高に盛りつけ、三杯酢をかけます。針しょうがを天盛り（→P.73）にします（e）。

■献立例

とり肉の鍋照りP.63
ひじきの煮ものP.27
きゅうりとわかめの酢のもの

キャベツのごま酢あえ

■材料　2人分

キャベツ（またはもやし）
……………150ｇ

油揚げ…………½枚

〈ごま酢〉

いりごま（白）
……….大さじ2

酢………大さじ1

うすくちしょうゆ
………小さじ1

みりん　….小さじ1

1人分87kcal、塩分0.5g

もやしのごま酢あえ

❶**キャベツ**…3～4㎝長さ、1㎝幅に切ります。熱湯に入れてゆで、水気をきります。（もやしの場合もゆでて水気をきります。）

油揚げ…グリルやオーブントースターで、軽く焼き目がつくまで焼きます（油抜きは不要）。縦半分に切り、5㎜幅の細切りにします。

ごま酢であえる

❷すり鉢でごまをすり（→P.81）、調味料を加えて混ぜます。食べる直前に①を入れてあえます。

おかひじきと焼きしいたけの酢のもの

■材料　2人分

おかひじき
….1パック（100ｇ）

しいたけ
……4～5個（50ｇ）

〈二杯酢〉

酢………大さじ1

だし…….大さじ1

しょうゆ…小さじ1

1人分17kcal、塩分0.4g

❶**おかひじき**…洗い、根元のかたい部分を切り落とします。熱湯に入れて1分ほどゆで、水にとって水気をよくしぼります。3～4㎝長さに切ります。

❷**しいたけ**…石づきを切り落とし、軸は切り分けて、かさを軽くふきます。焼き網やグリルで、かさや軸の縁に少し焼き色がつくくらいに焼きます。軸は2～4つに裂き、かさは5㎜幅に切ります。

二杯酢であえる

❸二杯酢を作り、食べる直前に①②をあえます。

紅白なます

❶だいこん、にんじんは4cm長さのせん切りにします。にんじんは色が目立つので、だいこんよりも細めに切ります。

❷それぞれに塩をふって軽く混ぜ、5～10分おいて水気を出します。

甘酢であえる

❸甘酢の材料を混ぜます。

❹野菜の水気をしぼり、甘酢であえます（この料理の場合は、作りおいて味がなじんでもおいしい）。

■材料　4人分

だいこん ………300g
　塩 ………小さじ½
にんじん…… 4cm(30g)
　塩 ………小さじ¼

〈甘酢〉
　酢……大さじ2½
　砂糖……大さじ1
　だし……大さじ1
　みりん ……大さじ½
　塩 ………少々

1人分23kcal､塩分0.2g

うどとかにの酢のもの

❶うど…5cm長さに切り、皮を厚めにむきます。2mm厚さのたんざく切りにして、酢水（水カップ1に酢小さじ1の割合)にさらして(a）変色を防ぎます。

わかめ…洗い、熱湯にさっと通して水にとり、水気をよくしぼります。2～3cm長さに切ります。

かに肉…適当な長さにそろえて切ります。

二杯酢をかける

❷小鉢に材料を盛り合わせます。食べる直前に、二杯酢にしょうがのしぼり汁を合わせて、かけます。

■材料　2人分

うど ……¼本(150g)
わかめ(塩蔵)……10g
かに肉(冷凍･缶詰)‥30g
しょうが汁……小さじ½

〈二杯酢〉
　酢 ………大さじ1
　しょうゆ…小さじ1
　だし……大さじ1

1人分27kcal､塩分0.6g

＊うどの皮は、きんぴら(P.35)にするとおいしくいただけます。

a

ごまは炒《い》り ふっくらさせて 香ばしく

さやいんげんのごまあえ

コツ

一、ごまは温めて香りを引き立てる

市販のいりごまも、軽くいり直すと香ばしさが増します。また、ふっくらとするので、すりやすくなります。すり鉢、すりこぎは、ぬらさずに乾いた状態ですります。

二、ごまのすり加減で、食感も変わる

「あらずり」＝粒の形がところどころにまだある状態

「半ずり」＝全体に均一にすりつぶした状態

「本ずり」＝完全にすりつぶし、少し油っぽくなった状態

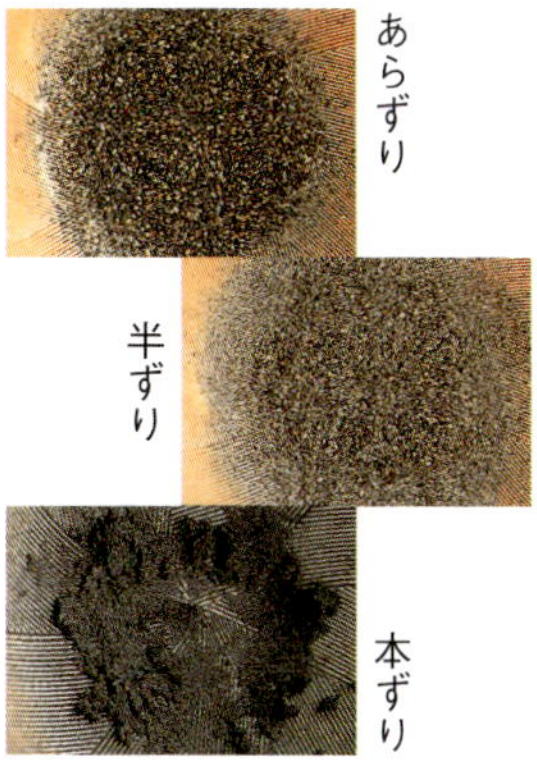

■材料　2人分

さやいんげん ……100ｇ

〈あえ衣〉

いりごま……大さじ2

砂糖…………小さじ½

しょうゆ……小さじ1

だし…………大さじ1

1人分53kcal、塩分0.5g

＊ごまの白黒はお好みで。ごまあえは、ごまよごしともいいます。

■献立例

- 肉じゃがP.12
- 焼きなすP.43
- さやいんげんのごまあえ

ゆでる

❶さやいんげんは、あれば筋をとり、へたは切り落とします。

❷たっぷりの熱湯に入れ、（ふたをせずに）ゆでます。3～4分して色よくゆだったら、ざるにとって広げ、さまします（a）。3～4㎝長さに切りそろえます。

あえ衣を作る

❸ごまは、香りを引き立てたいので、小鍋やフライパンに入れて弱火にかけ、混ぜながら1分ほどいります（b）。1～2粒はじけてくるか、指先でかんたんにつぶれるくらいがめやすです。

❹いりたてのごまを、乾いたすり鉢に入れ（c）、よくすります（すりこぎは、中央かやや下を片手でにぎり、もう片方の手をすりこぎの上に添えるように持ちます）。ごまのすり加減はお好みですが、半ずり（説明は上記に）程度が一般的です。

❺すり鉢の周囲についたごまを、ゴムべらで中央に落とします。ここに、調味料とだしを加えて混ぜます（d）。

あえて、盛りつける

❻食べる直前に、いんげんをあえます（e）。

❼小鉢に山高に盛りつけます。

まぐろのぬた

コツ

一、加熱した材料がさめてからあえる

あえものは素材の水気をとり、加熱した材料全部がさめてからあえるのが鉄則です。酢みそであえるときも同様です。

■材料 2人分

まぐろ……………100g
ねぎ………………2本

〈酢みそ〉

みそ …………大さじ2
砂糖…………大さじ1
酢 ……………大さじ1
酒 ……………小さじ2
練りがらし ……小さじ1

1人分126kcal、塩分1.8g

■献立例

牛肉とごぼうの煮ものP.14
まぐろのぬた
浅漬けP.86

a

b

c

❶**まぐろ**…1.5〜2cm角に切ります。
ねぎ…15cm長さくらいに切り、グリルや焼き網で、強火で焼き目がつくくらいに焼きます（a）。さましてから、1cm長さに切ります。

酢みそであえる

❷ボールに酢みその材料を合わせ、混ぜます。からしは辛さをみながら最後に混ぜます（b）。

❸食べる直前にまぐろ、ねぎをあえます（c）。小鉢に盛りつけます。

■〝ぬた〟 「沼田」と書き、とろりとしたみそが沼や田を思わせます。

れんこんの梅肉あえ

■材料　2人分

れんこん ……100ｇ

A＜水カップ1・酢小さじ1＞

〈梅肉だれ〉

梅干し…½個(10ｇ)

だし……大さじ1

しょうゆ……少々

1人分28kcal、塩分0.9g

❶れんこんは皮をむき、約3㎜厚さの輪切り、または半月切りにします。変色しないように、酢水（水カップ1に酢小さじ1の割合）につけます。

❷Aの水をわかして酢を加え、れんこんを入れます。透明感が出はじめる程度に1～2分ゆでます。水気をきり、さまします。

梅肉だれであえる

❸梅干しの種をとり、果肉を包丁で細かくたたきます。ボールに入れ、だしとしょうゆを混ぜ、食べる直前にれんこんをあえます。

しゅんぎくと卵のみぞれあえ

■材料　2人分

しゅんぎく ……100ｇ

しょうゆ…小さじ½

しらす干し ……10ｇ

卵 ……………1個

砂糖・塩…各少々

サラダ油…小さじ½

〈みぞれ酢〉

だいこん……200ｇ

酢……大さじ1

砂糖 …小さじ½

塩……小さじ⅙

1人分93kcal、塩分1.3g

❶**しゅんぎく**…茎のかたい部分を落とします。たっぷりの熱湯で1～2分ゆで、色が鮮やかになったら水にとり、水気をしぼります。しょうゆをふりかけて、再びしぼり、3㎝長さに切ります。**卵**…割りほぐし、砂糖、塩を混ぜます。小鍋に油を熱して卵液を入れ、箸で混ぜていり卵を作ります。**しらす干し**…ざるに入れ、熱湯をかけます。

みぞれ酢であえる

❷だいこんはすりおろし、ざるにのせて自然に水気をきります。ボールに調味料を混ぜ、だいこんおろしを混ぜます。

❸食べる直前に、②に①を加えてあえます。

白あえのとうふの水きり加減よく

白あえ

コツ

一、とうふの水気のしぼり具合がポイント

かたすぎず、ゆるすぎず。とうふによっても違うので、むずかしいものです。はじめて作るなら、しっかりめにしぼって、しぼった水分をとっておくとよいでしょう。あとでたしてやわらかさを調節できます。

二、白あえはあえて少しおく

食べる直前にあえるのが、あえものの基本ですが、白あえはあえてから20分ほどおいたほうが、味がなじみます。煮ているので具から汁気は出ず、時間をおくと逆に少ししまったかんじになります。

■材料　2～3人分

干ししいたけ………2個
にんじん……3cm(30g)
こんにゃく…¼枚(60g)
さやえんどう………5枚

〈煮汁〉
だし…………カップ¼
しいたけのもどし汁……………大さじ2
うすくちしょうゆ……………小さじ1
みりん………小さじ1

〈白あえ衣〉
もめんどうふ……………½丁(150g)
いりごま(白)…大さじ2
A 砂糖………大さじ½
A みりん……大さじ1
A 塩…………小さじ⅙

1人分146kcal、塩分1.0g

＊いりごまのかわりに、練りごま大さじ1にしてもよいでしょう。

＊すり鉢のこと
すり鉢の下には、ぬれぶきんなどを敷き、動かないようにします。すり鉢は商売をしている人には縁起をかついで「あたり鉢」とも呼ばれます。すりこぎには、適度なかたさと香りのよさから、さんしょうの木がよいといわれています。

■献立例
さわらの木の芽焼きP.66
白あえ
うどの皮のきんぴらP.35

a

b

c

d

e

具を作る

❶**干ししいたけ**…カップ⅓の水に約30分つけてもどします(急ぐ場合はぬるま湯で約15分)。軸をとって細切りにし、もどし汁はとりおきます。

にんじん…3cm長さ5mm幅のたんざく切りにします。

こんにゃく…3cm長さ7～8mm幅のたんざく切りにし、さっとゆでてくさみを抜きます。

❷鍋に、煮汁の材料と①を入れ、汁気がほぼなくなるまで中火で5～6分煮ます（a）。ざるにとり、さまします。

❸**さやえんどう**…筋をとり、熱湯でさっとゆでて、斜めの細切りにします。

あえ衣を作り、あえる

❹ざるに、かたくしぼったぬれぶきんを敷いておきます。熱湯をわかし、とうふをあらく切って入れ、再び沸とうしたら、ふきんにあけます（b）。少しさめたら、ふきんごととうふの水気を軽くしぼります（殺菌のためにとうふをゆでますが、すぐ食べる場合は、ゆでずにしぼってかまいません）。

❺いりごまは、小鍋などで軽くいって、ふっくらと香ばしくします。乾いたすり鉢に入れ、全体がほぼつぶれるまでよくすります。とうふを加えてよくすり混ぜ（d）、Aを混ぜます。水気が適度にあってなめらかな衣になります。

❻⑤のあえ衣に、②、さやえんどうを入れ、あえます(e)。20分ほどおくと味がなじみます。

盛りつける

❼小鉢にこんもりと盛りつけます。

浅漬けは薄切り塩もみ30分

浅漬け

＊季節の野菜で作るとおいしい。

■作り方　①下記のとおりに下ごしらえします。②ボールに入れて分量の塩を混ぜ、皿2枚ほどの重しをのせて(a)、冷蔵庫に30分～1時間おきます（またはポリ袋に入れて塩を加え、軽くもんで(b)空気を抜き、そのまま冷蔵）。

覚えて便利なめやす

「浅漬けの塩の量は
野菜300gに塩小さじ1」

a

b

春夏　キャベツときゅうりの浅漬け

■材料
- キャベツ……300g
- きゅうり…1本(100g)
- しょうが…大1かけ(20g)

塩……大さじ½

全量分71kcal、塩分3.7g

キャベツ…かたい芯を除き、約3×1cmの細切りにします。

きゅうり…塩小さじ¼（材料外）をふって板ずりし、さっと洗います。薄い小口切りにします。

しょうが…皮をこそげて、細切りにします。

冬春　だいこんの浅漬け

■材料
- だいこん……250g
- にんじん……30g
- こんぶ……6cm
- 赤とうがらし…⅓本
- 塩……小さじ⅓
- しょうゆ…小さじ1
- 酢……小さじ1

全量分54kcal、塩分2.2g

だいこん…皮をむき、約4×1cmの薄いたんざく切りにします。

にんじん…皮をむき、だいこんより少し細めのたんざく切りにします。

こんぶ…水にくぐらせて少しやわらかくし、2cm長さの細切りにします。

赤とうがらし…水につけて種をとり、輪切りにします。

＊塩とほかの調味料も一緒に混ぜます。

秋冬　かぶの浅漬け

■材料
- かぶ…3～4個(300g)
- かぶの茎（やわらかそうな部分）……30g
- ゆずの皮…¼個分

塩……小さじ1

全量分55kcal、塩分2.5g

かぶ…皮をむいて、薄い半月切りにします。

かぶの茎…細かくきざみます。

ゆずの皮…薄くそいで、せん切りにします。

夏秋　なすときゅうりの浅漬け

■材料
- なす…2個(150g)
- きゅうり…1本(100g)
- みょうが……2個
- しその葉……5枚

塩……小さじ1

全量分43kcal、塩分2.5g

なす…縦半分にし、薄い半月切りにします。水にさらしてアクを抜き、水気をきります。

きゅうり…薄い小口切りにします。

みょうが・しそ…みょうがは縦半分の斜め薄切りに、しそは細切りにし、合わせて水にさらし、水気をきります。

揚げもの
卵料理
鍋もの
ごはんもの
汁もの

天ぷらの衣は練らずさっくりと

天ぷら

コツ

一、カラリと揚げるための衣の条件

・揚げる直前に作る

・冷たい水を使う

・さっくり混ぜる

水温が高いと小麦粉のねばり気が出やすくなります。衣がねばると、厚くついたり、水分が飛びにくくなって、カラリとしません。衣のねばり気は時間をおいても出てくるので、揚げる直前に作ります。

■材料　２人分

えび（中〜大）………２尾
いか ………………70ｇ
かぼちゃ……………50ｇ
れんこん……………40ｇ
しいたけ ……………２個
なす…………………１個
しゅんぎく …………30ｇ
揚げ油 ………………適量
〈薬味〉
　だいこん ………100ｇ
　しょうが‥小１かけ（5ｇ）

〈衣〉
　卵½個＋冷水適量
　　………合計カップ½
　小麦粉（薄力粉）
　　……カップ½（50ｇ）
〈天つゆ〉
　水 ……………カップ½
　けずりかつお ………5ｇ
　しょうゆ ….大さじ１½
　みりん ……大さじ１½

１人分431kcal、塩分1.9g

覚えて便利なめやす

「天ぷら衣の容量は
卵＋冷水：小麦粉
＝１：１」

＊市販の「天ぷら粉」は、小麦粉に、卵粉と、ベーキングパウダーなどを配合したもので、水でといて使います。

■献立例

天ぷら
もやしのごま酢あえP.78
浅漬けP.86

a

b

c

d

e

下ごしらえ

❶**えび**…尾の１節を残して殻をむき、背わたをとります。尾の先を切りそろえて、尾の中の水気を包丁の刃先でしごき出し、油はねしないようにします。腹側に２〜３か所浅い切り目を入れて少しのばし、丸まらないようにします（a）。

いか…皮や薄皮がついていると、油はねするのでとり除きます（ペーパータオルなどをあてるとむきやすい）。斜めの格子に切り目を入れ、丸まらないようにします。３×４㎝に切ります。

れんこん…７〜８㎜厚さの輪切りにします。水にさらして変色を防ぎ、揚げる前に水気をきります。

かぼちゃ…７〜８㎜厚さの薄切りにします。

なす…へたを落として、縦に４つ割りにし、それぞれに３〜４本切りこみを入れます。

しいたけ…軸をとり、かさに切り目を入れます（飾り包丁）。
　＊１本の切り目につき包丁を２回入れて断面をVにし、これを３本交差させて✶形にします。

しゅんぎく…葉をつみます（b）。

❷**天つゆ**…鍋で材料を弱火で２〜３分煮て、こします（c）。

薬味…だいこんはすりおろしてざるにのせ、自然に水気をきります。しょうがはすりおろします。

衣を作る

❸計量カップにとき卵½個、冷たい水（氷は入れません）を加えてカップ½にし、混ぜます。これをボールに入れ、小麦粉50gをふるいながら加えます（d）。

❹さい箸で、練らないようにざっと混ぜます。粉気が少し残っていてもかまいません（e）。（→P.90に続く）

コツ

二、1回に揚げる量は油の表面積の半分～⅔

入れすぎると、温度が下がってカラリとしません。

三、油が汚れにくいものから揚げる

野菜→魚介が基本。アクがあったり、細かい具をまとめるかき揚げのようなものは、油が汚れるので、あとのほうで揚げます。

四、揚げあがりの見方

衣の水分が蒸発して軽くなるので、浮いてきて、箸で持つと軽い感じになります。また、泡のようすと音も変化し、低音で大きかった泡が、高音で小さくなります。

f

g

h

i

j

k

下ごしらえ

❺揚げる前に具はすべて水気をよくとります。油はね防止と、カラリと揚げるためです。さい箸は、衣用と揚げ用の2組を使い分けます。

野菜を揚げる

❻揚げ鍋に油を約3㎝深さ入れ、火にかけます。衣を1～2滴落し、途中まで沈んで浮きあがってきたら、中温（約170℃）です。

❼野菜から揚げます。1つずつ衣をつけながら、箸で静かに押して泳がせます（f）（こうすると具がくっつかず、火の通りも均一になります）。衣が淡く色づいてきたら裏返して、よい色になり、箸でさわった感触がカリッとしたら、とり出します（g）。揚げ網に立てかけて、油をきります（k）。時々、天かすをすくいとります。

＊なすは、切り目を押して扇のように開いて衣をつけ（h）、油に入れます。しいたけはかさの裏側に衣をつけ、衣を下にして油に入れます。しゅんぎくは葉を3～5本まとめ、薄く広げて衣をつけ、油に入れます。

えび、いかを揚げる

❽油の温度を少し上げます（約180℃）。えび、いかは衣がつきにくいので、小麦粉大さじ½（材料外）を薄くまぶしてから（i）、衣をつけます。えびは尾を残して衣をつけ、油に入れます（j）。⑦と同様に揚げます。

❾皿に天ぷら紙または半紙を敷き、えびなどを立体的に盛りつけます。天つゆと薬味を添えます。

＊油の温度の調べ方
衣を落としてみると、油の温度がわかります。

150℃～160℃
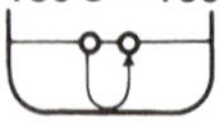
いったん底まで沈み、ゆっくり上がってくる

170℃～180℃
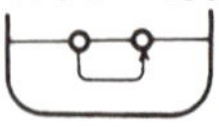
途中まで沈んで、浮き上がってくる

200℃以上

すぐ浮かび、表面で散る

＊天ぷら紙の折り方
上の右角が裏面より右に出るように、約半分に折ります。逆の傾きは仏事になります。敷き紙は余分な油を吸ってくれ、また料理に趣を添えます。

かき揚げは天ぷら衣に粉をたし

かき揚げ

コツ

一、かき揚げの衣は少し濃く

かき揚げは、細かい具を数種類合わせて揚げる天ぷらです。衣はふつうの天ぷらのときより粉を少し多くして、具がまとまるようにします。天ぷらの最後に、衣に粉をたして揚げるとよいでしょう。

■材料　2人分

桜えび(乾燥)………10g
ごぼう………………30g
みつば………………30g
揚げ油………………適量

〈衣〉

とき卵大さじ1＋冷水適量
………合計カップ¼
小麦粉(薄力粉)
…カップ¼強(30g)

＊P.89の天ぷら衣おたま1杯半（約70㎖）に小麦粉を大さじ1をたしても。

〈薬味〉

塩…………………少々
すだち(またはレモン)½個

1人分186kcal、塩分0.4g

下ごしらえ

❶ごぼう…皮をこそげて3～4㎝長さのマッチ棒くらいの細切りにし、水にさらして変色を防ぎます。
みつば…2～3㎝長さに切ります。

衣を作る

❷計量カップにとき卵と冷水を入れてカップ¼にし、ボールに移して混ぜます。小麦粉をふるいながら加え、さい箸でざっと混ぜます(天ぷらの衣で作る場合は粉をたします)。

揚げる

❸ごぼうの水気をよくきり、衣にごぼう、みつば、桜えびを入れてざっと混ぜます（a)。

❹揚げ鍋に油を約3㎝深さ入れて、中温(約170℃)に熱します。フライ返しに¼量の具を平らに広げてのせ、すべらせるように油に入れます（b）。

❺20秒ほどして表面が少し固まったら、箸を1～2回刺して穴をあけると（c)、火の通りがよくなります。衣が淡く色づいたら裏返します。よい色になり、箸でさわった感触がカリッとしたらとり出して、揚げ網に立てかけます。

a

b

c

■献立例

かき揚げ
かぶとえびのあんかけP.48
れんこんの梅肉あえP.83

竜田《たつ》田《た》揚げ
汁気よくふき粉をつけ

とりの竜田揚げ

■〝竜田揚げ〟　しょうゆなどで下味をつけることできれいな茶色に揚がり、紅葉のよう。紅葉の名所、奈良県の「龍田川」の名にちなんだ名前。

コツ

一、濃いめの下味をしっかりつける
とり肉は水っぽいので、調味料を手でよくもみこみ、15分ほど時間をおいて、味をよくしみこませます。

二、粉は揚げる直前にまぶす
粉をつけて時間をおくと、水分が出てべたつくので、揚げる直前につけます。また、粉つけの前に、下味の汁気をよくふきます。

三、油の温度を2段階にして揚げる
とり肉は水分が多く、中まで火が通るのに時間がかかります。中温で3～4分加熱してから、高温にして20秒ほど揚げて外側をカラリとさせるのがコツです。中温で揚げたら、1度とり出して油温の調節をしてもよいでしょう。

■材料　2人分

とり肉 ･･････1枚(250ｇ)
　しょうが･･1かけ(10ｇ)
　A しょうゆ ････大さじ1
　A みりん･･････大さじ1
　A 酒･･･････････大さじ1
かたくり粉･･････大さじ2

にんじん････････････30ｇ
かぼちゃ････････････30ｇ
揚げ油 ･･･････････････適量

1人分382kcal、塩分1.3g

＊もも肉は適度な脂があるのでコクがあり、むね肉はさっぱりした味です。お好みで選んでください。

＊油の温度の調べ方
さい箸を水でぬらしてからふき、油の中程に入れます。約150℃では、油につけた先のほうから泡がチョロチョロと出ます。170～180℃になると、全体から泡が勢いよく出ます。

150℃▶160　▶　170　▶180

■献立例

とりの竜田揚げ
はくさいとあさりの煮びたしP.37
さやいんげんのごまあえP.80

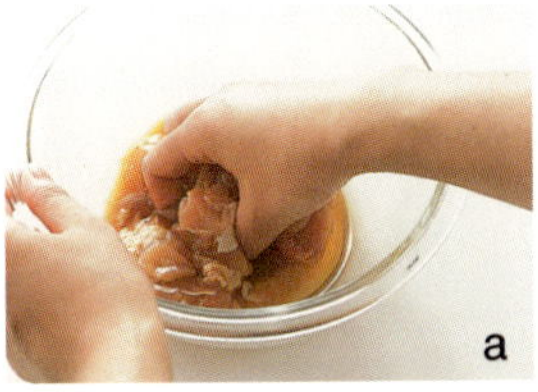
a

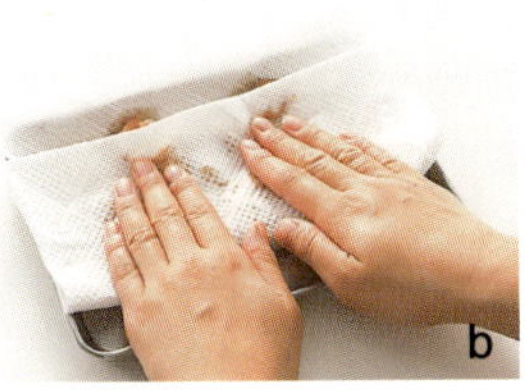
b

c

d

e

f

下ごしらえ

❶**とり肉**…竹串で皮をつつきます。揚げたときに皮の縮みを少なくし、味がよくしみこみます。脂肪（黄色いかたまり）が気になるならとり除きます。ただ、うま味にもなるのであまり神経質にとりすぎないようにします。

❷4㎝角くらいのそぎ切りにします（皮を下にして切ると皮がはがれにくい）。ボールに入れます。

❸**しょうが**…皮の汚れ部分をこそげ、すりおろして、しぼり汁小さじ1をとります。しょうが汁とAの調味料を②に加えて、手でよくもみます（a）。室温に15～20分おきます。

❹**にんじん・かぼちゃ**…3㎜厚さくらいに切り、抜き型で抜くか、ひと口大に切ります。

揚げる

❺揚げる直前に、とり肉の汁気をペーパータオルでおさえてとり（b）、かたくり粉を肉全体に薄くまぶします（茶こしでふるうと均一になります）。余分な粉をはたいて落とします（c）。

❻揚げ鍋に油を約3㎝深さ入れます。150～160℃に熱し、にんじん、かぼちゃを30秒ほど揚げます（d）。

❼油の温度を中温（約170℃）に上げ、肉を半量くらいずつ揚げます。1～2分して色づいてきたら裏返し（e）、揚げ始めから3～4分かけて揚げます。

❽油の表面の泡が小さくなってきたら、最後に強火にして20秒ほど加熱してカリッとさせ、揚げ網にとり出します（f）。揚げかすをすくいとり、油の温度を確認して残りの肉を揚げます。

盛りつける

❾皿に、竜田揚げをひと山に盛りつけます。野菜を散らします。

とりの南蛮漬け

コツ

一、揚げたてをつけ汁につける

熱いうちのほうが味がしみこみやすいため、揚げたてをつけます。揚がりぎわに油をよくきって、つけ汁が油っぽくならないようにします。

つけ汁を作る

❶ねぎは5㎝長さに切ります。縦に切り目を入れて輪を開き、芯を除いて、端から細切りにします。赤とうがらしは水につけてやわらかくし、種をとって、輪切りにします。

❷鍋にAを合わせてひと煮立ちさせ、火を止めて、とうがらし(a)、酢を加えます。ボールにあけます。

肉の下ごしらえ→揚げる→つける

❸P.93と同様に、とり肉を切って下味に10分くらいつけ、かたくり粉をまぶして揚げます（b）。

❹揚げたてをすぐつけ汁につけ、ねぎも一緒につけます（c）。15～30分おいて味をなじませます（2～3日冷蔵保存できます）。

❺鉢に山高に盛りつけ、汁を少しかけます。

■〝南蛮〟　ねぎや赤とうがらしを使った料理につけます。室町時代末ごろより通商が盛んになった南蛮諸国（スペイン、ポルトガル、オランダ）から入ってきた調理法や料理。

■材料　2人分

とり肉…1枚(250ｇ)

下味〈酒小さじ2　塩少々〉

かたくり粉……….大さじ2

揚げ油……….適量

〈つけ汁＝南蛮酢〉

ねぎ…………1本

赤とうがらし…½本

A
- 水……カップ½
- 砂糖…大さじ1½
- しょうゆ……大さじ2
- 酒……大さじ2

酢……….大さじ2

1人分378kcal、塩分2.3g

■献立例

とりの南蛮漬け

いかとさといもの煮ものP.24

菜の花のからしあえP.75

野菜ととりの揚げびたし

■材料　2人分

とり肉		150ｇ
下味〈酒小さじ1　塩少々〉		
かたくり粉		大さじ１
かぼちゃ		80ｇ
オクラ		6本
なす		1個
にんじん		3㎝
揚げ油		適量
〈つけ汁〉		
A	だし	カップ１
A	しょうゆ	大さじ１
A	みりん	大さじ１
A	塩	少々
B	酢	小さじ１
B	しょうが汁	小さじ½

1人分281kcal、塩分1.2g

野菜の下ごしらえ、つけ汁を作る

❶**かぼちゃ**…皮つきのまま7～8㎜厚さ、5㎝長さのくし形に切ります。**オクラ**…がくをけずり、揚げたときに破裂しないように、縦に1本切りこみを入れます。**なす**…4つ割りにします。**にんじん**…7～8㎜厚さの輪切りにします。

❷鍋にAを合わせ、ひと煮立ちさせます。火を止めてBを加えます。ボールなどに移します（a）。

肉の下ごしらえ→揚げる→つける

❸とり肉は、P.93と同様に下味に10分つけます。

❹揚げ油を中温（160℃）に熱し、野菜を揚げます。このとき、野菜は水気をよくふき、何もつけずに揚げます（素揚げ）。続いて、とり肉にかたくり粉をまぶし、約170℃で揚げます（b）。

❺熱いうちにつけ汁につけ（c）、15～30分おいて味をなじませます（2～3日冷蔵保存できます）。

❻鉢に山高に盛りつけ、汁をはります。

a

b

c

■献立例

野菜ととりの揚げびたし
あじのたたきP.58
浅漬けP.86

揚げだしは粉をつけたらすぐに揚げ

揚げだしどうふ

コツ

一、とうふは軽く水気をきる
揚げだしどうふは、外側がカリッと揚がり、中のとうふは温まればできあがり。とうふの水気は、衣がつけられる程度にきれていればよく、とうふをざるにのせて、自然に水が出なくなれば充分です。

二、粉は揚げる直前につける
粉をつけて時間をおくと、とうふの水分ですぐにべたついてきます。揚げる準備をしてから、直前に粉をつけます。

三、油の温度の見方
さい箸を1度ぬらしてふき、これを油の中ほどに入れて、つけた部分から、泡が勢いよく出てくる状態が約180度Cです(→P.93)。

■材料　2人分

もめんどうふ
　…………1丁(300g)
　小麦粉………大さじ1
揚げ油……………適量

〈かけ汁〉
　だし…………カップ½
　みりん………大さじ1
　しょうゆ……大さじ1

〈薬味〉
　だいこん………100g
　しょうが‥1かけ(10g)
　万能ねぎ…………2本

1人分210kcal、塩分0.8g

＊好みで絹ごしどうふでもかまいません。
＊とうふにまぶす粉は、かたくり粉でも。かたくり粉はつけ汁といただいたとき、つるりとした食感に仕上がります。小麦粉は揚げ色がよく、香ばしく揚がります。

■献立例
かつおのたたきP.59
揚げだしどうふ
たけのこの土佐煮P.38

a

b

c

d

e

下ごしらえ

❶**とうふ**…4つに切り、盆ざるにのせて15分ほどおき、自然に水気をきります(a)(急ぐ場合は、とうふをペーパータオル2枚で包み、皿にのせて電子レンジで約2分加熱します)。

❷**だいこん**…すりおろし、ざるにとって自然に水気をきります。

しょうが…皮をこそげてすりおろします。

万能ねぎ…小口切りにします。

❸**かけ汁**…鍋に材料を合わせ、ひと煮立ちさせます。

揚げる

❹食べる直前に揚げます。揚げ鍋に油を約3cm深さ入れ、用意します。とうふの水気をペーパータオルで軽くおさえ、小麦粉を全体に薄くまぶし(b)、粉の余分をはたいて落とします。

❺揚げ油を高温(約180℃)に熱し、とうふを入れます(c)。衣が薄く色づいてきたら裏返し、全体が薄茶色になったらすぐにとり出します(d)。

盛りつける

❻鉢に揚げだしどうふを盛りつけ、薬味をのせます。かけ汁をはります(e)。

だし巻きは卵ひとつにだし1杯

だし巻き卵

コツ

一、鍋は、油ならしをする

鉄のフライパンや銅の卵焼き器の場合、油なれしていないと、卵がくっつきやすいので、「油ならし」をします。焼き始めに多めの油を入れて弱火で2～3分温めることで、表面に膜ができて卵がつきにくくなります。

二、鍋を動かして温度を調節

つい弱火にしがちですが、時間がかかり、プリンのような食感になります。弱めの中火～中火のまま、卵焼き器を火口から離したり、つけたりしながら温度を調節します。また、温度が上がりすぎた場合は、卵焼き器をぬれぶきんにのせてさますとよいでしょう。鍋の全面の熱も均等になります。

■材料　2人分

卵……………………3個

- だし…………大さじ3
- みりん………大さじ1
- うすくちしょうゆ
  ……………小さじ½

サラダ油……………少々

〈染めおろし〉

だいこん…………50g

しょうゆ…………少々

1人分143kcal、塩分0.7g

＊15cm角くらいの卵焼き器、または小さめのフライパンが適当です。

＊染めおろしは、山形のだいこんおろしの頭にうっすらとしょうゆをかけたもの。光や紅葉色に山が染まったようすを模しています。

■献立例

筑前煮P.8

だし巻き卵

みつばのわさびじょうゆP.75

覚えて便利なめやす

「だし巻き卵のだしは
　卵1個に、大さじ1」

a

b

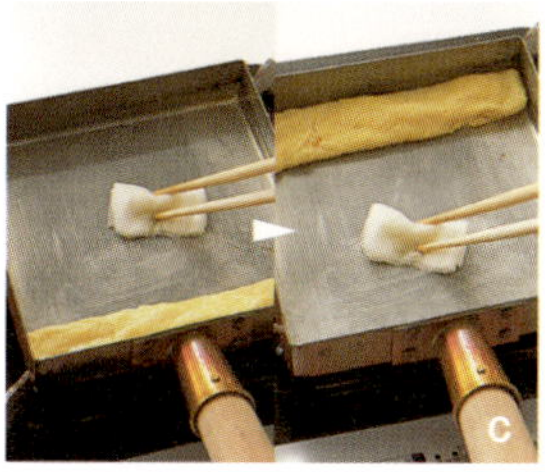
c

d

e

調味する

❶ボールに卵を割りほぐします。箸をボールの底につけて泡立てないように混ぜます。

❷だしに調味料を加え、とき卵に混ぜます。

❸1度こします（a）。均一に混ざって、きれいに焼きあがります。

焼く（卵を薄く焼き、巻いて重ねていく）

❹卵焼き器に多めの油を入れて弱火で2～3分温め、油をあけます。小さく切ったペーパータオルで、余分の油をふきとります。

❺(1)弱めの中火にし、箸先に卵液をつけて1滴落とし、温度をみます。軽く「ジュー」と音がして、こげずに丸く固まるようになったら、卵液を¼～⅓量ずつ流して焼いていきます。

(2)はじめの卵液を全面に広げます。大きな泡は箸でつぶし、卵液が流れなくなってきたら、向こうから手前に卵を巻きこみます（b）。

(3)卵焼き器のあいたところに、ペーパーで油を塗ります。卵を向こうへすべらせて、手前にも油を塗ります（c）。あいたところに2回めの卵液を入れて広げ、焼いた卵を持ち上げて、下にもいきわたらせます（d）。表面が半熟になってきたら、向こうから卵を巻きます。

(4)(3)をくり返して仕上げます。

❻熱いうちに、巻きすで巻いて形を整え（e）、4～5分おいてさまします。

盛りつける

❼だいこんをすりおろし、ざるにとって水気をきります。

❽卵を切り分けて皿に盛り、だいこんおろしを山形に添えます。おろしにしょうゆ少々をかけます。

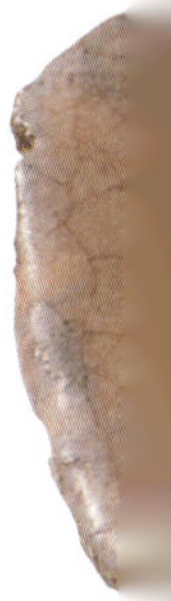

茶碗蒸し 卵とだしは1対3

茶碗蒸し

覚えて便利なめやす
「茶碗蒸しの卵液の容量の割合は、
卵：だし＝1：3」

■材料　2人分

とりささみ‥‥1本（40ｇ）
　塩‥‥‥‥‥‥‥‥‥‥少々
　酒‥‥‥‥‥‥‥小さじ½
えび‥‥‥‥‥‥‥‥中2尾
　酒‥‥‥‥‥‥‥小さじ½
しめじ‥‥¼パック（30ｇ）
みつば‥‥‥‥‥‥‥‥2本

〈卵液〉

卵‥‥‥‥‥‥‥‥‥‥‥2個
だし‥‥‥‥‥‥カップ1½
┌塩‥‥‥‥‥‥小さじ⅓
Aみりん‥‥‥‥小さじ½
└しょうゆ‥‥2～3滴

1人分124kcal、塩分1.6g

＊だしの材料（水カップ2　こんぶ10㎝　けずりかつおカップ½）（こんぶとかつおのだしのとり方→P.5）

＊中身は、しいたけ、かまぼこ、ぎんなんなどもよく使います。

コツ

一、蒸し器の中は80～90度Cに保つ

茶碗蒸しの卵液は80度Cで固まるので、蒸し器の中は90度Cくらいに保ちます。強火で蒸し続けると、卵液に気泡ができてしまいます（すが立つ）。

二、卵液の表面が白っぽくなったら、弱火に

蒸し始めは強火にし、表面が白っぽくなったら、弱火にするのがコツです。このタイミングは、卵液が50～60度Cで蒸し始めた場合、2～3分がめやす。卵液がさめていれば4～5分かかり、また、数が増えても時間がかかります。

a

b

c

d

e

下ごしらえ

❶**とりささみ**… 筋の両側に包丁の先で浅く切り目を入れ、筋をとります。4つのそぎ切りにし、塩、酒をふります。

えび…尾の1節を残して殻をむき、背わたをとります。酒をふります。

しめじ… 石づきを落とし、小房に分けます。

みつば… 茎と葉に分け、茎は2～3㎝に切ります。

卵液を作り、器に入れる

❷だしをとります。Aを加えて調味し、さまします（約60℃、ぬるめのお茶くらいの温度でだいじょうぶ）。

❸ボールに卵を割り入れ、白身を箸で切るようにほぐします。②のだしを泡立たないように加えます（a）。万能こし器で1度こします。

❹茶碗にみつば以外の具を入れます。卵液を茶碗に静かにそそぎます（b）。器によって卵液が余るようなら、別の器で一緒に蒸してしまいましょう。

蒸す

❺蒸し器の下段に五～六分め深さの湯をわかします。蒸気が立ったところに、茶碗をのせます（c）。鍋のふたはぴったりのせます。

❻強火で2～3分蒸し、そっとようすを見て、表面の卵液が写真のように白っぽくなったら（d）、弱火にします（やわらかな蒸気になり、80～90℃くらいに保てます）。12～13分蒸します。

❼竹串を刺してみて、穴の汁が澄んでいれば（e）蒸しあがりです。

❽みつばの茎をのせて弱火で1分ほど蒸し、火を止めます。みつばの葉をのせ、茶碗のふたをして食卓に出します。

「地獄蒸し」の方法

茶碗を直接湯に入れて蒸す方法です。

①鍋に茶碗を並べ、熱湯を器の高さの半分まで入れます。

②蒸し器に比べて火のあたりが強いので、蒸気を逃がすように、少しだけふたをずらします。弱火で約10分蒸します。

■献立例

ちらしずしP.110

茶碗蒸し

さやいんげんのごまあえP.80

すき焼きの焼きつけて出すうま味かな

すき焼き

■〝すき焼き＝鋤焼き〟　昔、野外で農耕の際、鋤にいのししの肉などをのせて焼いていたことによります。

コツ

一、すき焼きの牛肉は、さっと加熱がおいしい

肉は、加熱するとたんぱく質が縮んでかたくなるので、加熱しすぎないほうが、おいしく食べられます。脂肪が多く入っていると、かたくなりにくいので、赤身より霜降り肉（赤身に脂肪が霜のように混ざっている肉）のほうがやわらかく美味です。

二、焼いて出る香りを生かす

はじめに牛肉とねぎを焼くと、香ばしくおいしい。調味料を入れてからも、煮るのではなく焼くつもりで加熱します。すき焼きが、ほかの鍋もののように煮汁で煮るのとはちょっと違う点です。

■材料　2人分

牛ロース肉（すき焼き用）

…………………300ｇ

牛脂…………約3㎝角

しらたき……1袋（200ｇ）

焼きどうふ…………½丁

車麩《くるまぶ》………………2個

しゅんぎく…1束（200ｇ）

えのきだけ…1袋（100ｇ）

ねぎ………………2本

〈煮汁＝割りした〉

みりん………カップ½

しょうゆ……カップ½

だし（または酒）

……………カップ½

砂糖……大さじ2～3

卵…………………2個

1人分827kcal、塩分4.8g

＊割りしたは、割り下地《したじ》のこと。鍋ものに使う、味をととのえた煮汁をさします。

＊割りしたを作らず、調味料を鍋にじかに加え、味をみながら作ることもあります。

下ごしらえ

a

❶**しらたき**…6～7㎝長さに切ります。熱湯でさっとゆでてくさみをとり（a）、ざるにとります。

焼きどうふ…縦半分に切り、1.5㎝幅に切ります。

b

車麩…袋の表示時間通りにもどし、水気をしぼります（b）。大きければ食べやすい大きさに切ります。

しゅんぎく…茎のかたい部分を除き、半分の長さに切ります。

えのきだけ…根元を切り落とし、ざっとほぐします。

ねぎ…5～6㎝長さの斜め切りにします。

c

❷かさのある葉ものを後ろにして、素材ごとにまとめながら大皿に盛りこみます（c）。

❸**牛肉**…とりやすいように、皿に並べます。

❹**煮汁（割りした）**…1度煮立て、器に入れます。

卵…各自用意します。

焼いて、煮る

d

e

❺すき焼き鍋またはフライパンを強火で熱し、牛脂を入れて、なでつけながら溶かします（d）。肉を数枚広げて入れ、ねぎも半量くらい入れて焼きます（e）。焼き色がついてきたら、裏返します。

f

❻続いて、割りしたを鍋の底一面に広がる程度入れ（f）、ほかの材料も少しずつ加えます。火が通ったものから、卵をつけていただきます。食べるスピードに合わせて具と割りしたを加え、火加減をしながら煮ます。汁が煮つまったら、だしまたは湯（材料外）を加えます。

■献立例

すき焼き
れんこんの梅肉あえP.83
きんとき豆の甘煮P.30

おでん味
じっくりコトコト
まろやかに

おでん

■材料　4人分

〈こんぶ・卵・野菜〉

- こんぶ……………30cm
- 卵………………… 4個
- だいこん（3cm厚さの輪切り）…… 4切れ（300ｇ）
- じゃがいも……小4個

〈こんにゃく・練り製品など〉

- こんにゃく‥ 1枚（250ｇ）
- 焼きちくわ ……… 1本
- つみれ ……………4個
- はんぺん………… 2枚

〈揚げもの3～4種〉

- お好みの練り製品など……………約500ｇ（写真は、がんもどき・さつま揚げ・揚げボール・ごぼう天）

〈信田《しのだ》袋〉

- 油揚げ …………… 2枚
- 切りもち………… 2個
- かんぴょう ………40cm

〈煮汁〉

- A
  - だし+こんぶのつけ汁……合わせてカップ8
  - みりん ………大さじ2
  - うすくちしょうゆ……………大さじ2
  - 酒…………大さじ2
- 塩 …………小さじ½

練りがらし…………適量

1人分552kcal、塩分4.8g

■献立例

おでん

白あえP.84

浅漬けP.86

コツ

一、揚げてあるものは、湯をかけて油分をざっと抜く（油抜きする）

がんもどきや、さつま揚げなど揚げものは、余分な油をとり、油くささをとります。味のしみこみもよくなります。

二、じっくり煮るとおいしい理由

おでんは、たくさんの材料のうま味が渾然一体となっておいしくなります。また、時間をかけて煮るのもおいしくなる理由。魚肉の練り製品に含まれる軟骨などは、湯の中で長く加熱されることでゼラチンになります。このゼラチンが煮汁の中の油分と水分をうまく結んで（乳化し）、まろやかな味になるのです。おでんに練り製品は欠かせません。

ここでは約1時間半で作りますが、もう少し長く煮るか、翌日煮直してもよりおいしくなります。

a

b

c

d

e

下ごしらえ

❶**こんぶ**…水カップ1に5分ほどつけ、やわらかくなったら、長さ半分に切り、2本ずつに切ります。それぞれひと結びします。つけた水はとりおきます。

卵…水からゆで、沸とうしたら弱火にしてふたをし、約12分ゆでます。水にとってさまし、殻をむきます。

だいこん…皮をむきます。切り口の角をけずり（面とり）、片面に十文字の切り目（かくし包丁）を厚みの⅓深さほど入れます（a）。

じゃがいも…丸ごと皮をむき、水につけて変色しないようにします。

こんにゃく… 4つの三角形に切ります。熱湯でさっとゆでて、くさみをとります。

ちくわ…食べよい大きさに斜めに切ります。

揚げもの…全体に熱湯をかけて油を抜きます（b）（信田袋の油揚げも一緒に）。

信田袋…かんぴょうを水でぬらし、塩少々（材料外）をふってよくもんでから洗い、4等分にします。油揚げを半分に切って、それぞれを袋に開きます。もちを半分に切って、1つずつ油揚げに詰め（c）、口をかんぴょうで結びます。

煮る

❷鍋にAを入れます。煮くずれたり、ふくらんだりするもの（じゃがいも、信田袋、はんぺん）以外の材料を入れて（d）、ふたをします。強火にかけ、沸とうしたらアクをとります。弱めの中火にし、ふきこぼれないようにふたをずらして、約1時間煮ます。

❸じゃがいも、信田袋を加え、さらに約20分煮ます。最後にはんぺんを入れ（e）、味を見て塩を加えます。

五目めし

炊く直前に具を混ぜる

五目ごはん

コツ

一、米の浸水に塩分は入れない

米は、炊く前に水分を吸わせることが大切です（P.113）。このとき、塩やしょうゆの塩分は、米の吸水を妨げるので入れません。市販のだしの素も塩分が多いので、炊くときに、調味料と一緒に加えます。

二、水加減（だし＋調味料）

基本的には、炊きこみごはんも、ふつうのごはんと同様に、米の容量の1～2割増し量の水で炊きます。ただし〈だし＋液体調味料〉が水量。

ほとんどの具はそれ自体の水分で炊けるため、具の分の水分は考えません。貝やきのこなど水分が多く出る具の場合は、水量をひかえます。

三、炊く前に、水面から米が出ない

水面から出ている米は吸水できずに芯ができやすいからです。

四、冷凍保存する

調味料が入っているごはんは、保温だとこげついたり、ぱさついたりしやすいので、保存する場合は小分けにして冷凍します。

■材料　4人分

米…米用カップ2（360mℓ）
だし（さましたもの）…360mℓ
＊米用カップ1は180mℓ＝1合《ごう》

〈具〉
とり肉（ももまたはむね）……………………80g
A しょうゆ‥小さじ1
A 酒………小さじ1
ごぼう……………40g
にんじん……2cm長さ（20g）
しいたけ….2個（30g）

〈調味料〉
しょうゆ…….大さじ1
酒……………大さじ1
塩……………小さじ⅓

〈彩り〉
さやえんどう…….適量

1人分315kcal、塩分1.4g

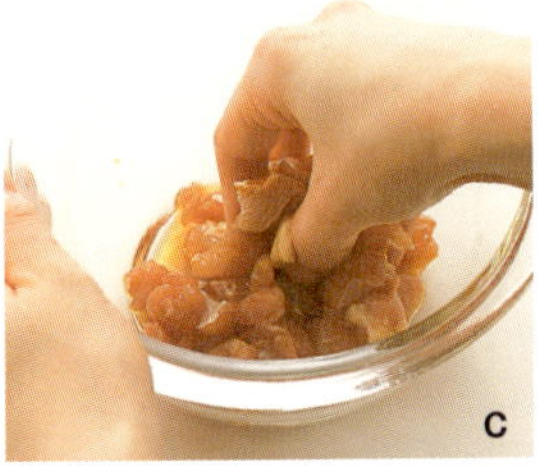

米を水にひたす

❶米は炊く30分以上前にとぎ（洗い）ます。ざるにあげて水気をきり、炊飯器の内釜に入れます。だしを加え、30分以上おいて、充分水を含ませます（a）。

具の下ごしらえ

❷**にんじん**…2cm長さの細切りにします。

しいたけ…石づきをとり、薄切りにします。

ごぼう…包丁で皮をこそげとり、縦に4～5本浅い切り目を入れてから、えんぴつをけずる要領で1.5～2cm長さの小さめのささがきにします（b）。切ったものから水に放し、アクで変色するのを防ぎます。

とり肉…1cm角に切り、Aをまぶします（c）。

❸**さやえんどう**…筋をとり、色よくゆでます。斜め細切りにします。

炊く

❹①に調味料を混ぜ（d）、②を全部加えてざっと混ぜます。米の表面を平らにします（e）。炊飯器で炊きます。

茶碗によそう

❺ごはんがむらし終わって、スイッチが切れたら、全体を大きく混ぜてほぐします。

❻ごはんを2～3回に分けて、茶碗の七～八分目まで盛りつけます。さやえんどうを散らします。

■献立例
五目ごはん
いかとさといもの煮ものP.24
ほうれんそうのおひたしP.72

春
たけのこごはん

コツ

一、具を一緒に炊く場合と、あとで加える場合の違いは

味のしみにくい具は前もって煮ます。色を生かしたい青豆や、具のように加熱でかたくなる具、形がくずれやすい具は、ごはんが炊けてから混ぜます。また、一緒に炊きこんで味をなじませたいときは、はじめから加えます。たけのこはどちらもできますが、ここはあとで混ぜる作り方で。

a

b

c

■献立例

かつおのたたきP.59
れんこんのきんぴらP.34
たけのこごはん

米を水にひたす

❶米はとぎ（洗い）、たっぷりの水につけて30分以上おき、充分水を含ませます（a）。

具の下ごしらえ

❷**たけのこ**…穂先はくし形に薄く切り、太い部分は3～4㎜厚さのいちょう切りにします。

油揚げ…熱湯をかけて油抜きし、3～4㎜幅の細切りにします。

❸煮汁で、たけのこと油揚げを約5分煮ます。具と煮汁に分けます（b）。煮汁にだしを合わせて360㎖にします。

炊く

❹米の水気をよくきって炊飯器に入れ、③の汁を加えて炊きます。

❺炊きあがったら、具を加えて（c）10分おきます。大きく混ぜて盛り、木の芽をのせます。

■材料　4人分

米････米用カップ2（360㎖）
具を煮たあとの煮汁＋だし
　適量･････合わせて360㎖
たけのこ（ゆでたもの）
　･･････････････････150ｇ
油揚げ･･･････････････1枚
＊米用カップ1は180㎖＝1合《ごう》
＊たけのこのゆで方→P.39

〈具の煮汁〉
　だし･･･････････････150㎖
　酒･････････････大さじ1
　しょうゆ･･･････大さじ1
　みりん･････････小さじ1
　塩･････････････小さじ⅓

〈天盛り〉木の芽8～10枚

1人分303kcal、塩分1.2g

秋

栗ごはん

夕飯の
炊きこみごはんに
秋を入れ

■材料　4人分

栗(殻つき)··········200g
米··米用カップ1½(270mℓ)
もち米 ····················
·····米用カップ½(90mℓ)
水 ···················350mℓ
A ┌酒···········大さじ1
　└塩···········小さじ½

1人分313kcal、塩分0.6g

＊米用カップ1は180mℓ＝1合《ごう》
＊栗は鬼皮から出すと鮮度が落ちやすいので、むいたら早めに調理します。市販のむき栗も、買ったら早めに調理します。

米を水にひたす

❶米ともち米は合わせてとぎ(洗い)、分量の水につけて1時間以上おき、充分水を含ませます(a)。

具の下ごしらえ

❷栗は熱湯に10～20分つけて、皮をやわらかくします。底の部分を切り落として鬼皮をむき、渋皮もむいて(b) 2つに切ります。水にさらして、アクで変色しないようにします(このアクは抜けきらず、炊いても多少茶色くなります)。

炊く

❸①に、A、栗を加えてざっと混ぜ(c)、炊きます。

❹炊きあがったら、大きく混ぜます。

＊もち米を加えると、もっちりとした食感になります。ふつうの米(うるち米)に比べて、もち米は時間をかけてたっぷり水を吸わせます。その分、炊くときの水量は少なくなります(詳しくは→P.114)。

a

b

c

■献立例

- 白身魚のみそ漬け焼きP.68
- 焼きまつたけP.45
- 栗ごはん

合わせ酢を炊きたてに打つすしごはん

ちらしずし

コツ

一、すしめし用のごはんはかためにに炊く

合わせ酢を含ませるので、ごはんはかため＝米容量と同量の水量で炊きます。

二、具は、色よく仕上げたいものを分ける

ごはんに混ぜる具は、ひと素材ずつ別々に煮ることもあります。家庭では、こっくりした味に煮る具と、あっさりと素材の色を生かして煮る具の、二鍋に分けると手軽です。

■材料（5～6人分）

〈すしめし＝約1kg分〉
- 米 米用カップ3（540mℓ）
- 水 ………………540mℓ
- こんぶ ……………5cm
- 酒……………大さじ1

＊米用カップ1は180mℓ＝1合《ごう》

〈すし酢〉
- 酢 ……大さじ5（75mℓ）
- 砂糖…………大さじ3
- 塩 ……………小さじ1

〈混ぜる具〉
- かんぴょう …………10g
- 干ししいたけ‥5個（20g）
- A
  - だし ………カップ1
  - しいたけのもどし汁 …………カップ½
  - 砂糖・しょうゆ・みりん‥各大さじ1
- 高野どうふ‥‥1個（20g）
- にんじん……………50g
- B
  - だし ………カップ¾
  - 砂糖……大さじ1½
  - うすくちしょうゆ …………大さじ½
- いりごま（白）‥‥大さじ3

〈飾る具〉
- れんこん（細めのもの） …………………100g
- C
  - 砂糖・酢・だし ………各大さじ1
  - 塩 ……………少々
- 卵 …………………3個
- D
  - みりん ‥‥大さじ1½
  - 塩 ……………少々
- サラダ油 ………少々
- イクラ ………………20g
- さやえんどう ………10枚
- 甘酢しょうが ………適量

1人分426kcal、塩分2.0g

■献立例

ちらしずし
たけのこの土佐煮P.38
かきたま汁P.118

ごはんを炊く

❶米をといで（洗って）水気をきり、炊飯器に入れます。分量の水とこんぶを入れ、30分以上つけておきます。酒を加えて炊きます。

混ぜる具を作る

❷**かんぴょう**…水でぬらし、塩小さじ½（材料外）でもんでから洗います。10～15分ゆで、つまんで爪跡がつくくらいにやわらかくなったら（a）、ざるにとり、水気をしぼって7～8mm幅に切ります。

干ししいたけ…カップ¾の水につけて重しをし、約30分おいてもどします（b・急ぐ場合はぬるま湯で約15分）。軽くしぼり、軸をとって薄切りにします。

❸**高野どうふ**…ぬるま湯（50～60℃）に約10分つけてもどし（b）水気をしぼります（商品によってもどし不要のものもあるので表示を確認してください）。1cm幅、3cm長さのたんざく切りにします。

にんじん…5mm幅のたんざく切りにします。

❹鍋に、②とAを入れ、ふたをして（c）、中火で煮汁がほぼなくなるまで約10分煮て、ざるにとって汁気を自然にきります。別鍋に③とBを入れて、同様に煮ます（d）。

❺**ごま**…鍋で温めます。包丁でざっと切ります（e・切りごま）。乾いたふきんの上で切ると、ごまがとび散りません。（→P.112に続く）

コツ

三、むらし終わった炊きたてのごはんに、すし酢を混ぜる
ごはんが熱いうちのほうが、ごはん粒の表面がやわらかく、水分がしみこみやすいためです。

四、すし酢が混ざってから、さます
ごはんにすし酢がしみこんでから、うちわであおいでさまし、あら熱をとります。ごはん粒表面の蒸気がとんで、つやが出てきます。

五、すしめしが人肌にさめたら、具を混ぜる
すしめしは、人肌(体温)程度にさめれば充分です。さめすぎるとかたくなって、具が混ざりにくくなります。

覚えて便利なめやす

「ちらしずしの合わせ酢は、米3合に 酢大さじ5＋砂糖大さじ3＋塩小さじ1」

■P.111の材料の一部写し

〈すし酢〉
- 酢……大さじ5（75mℓ）
- 砂糖…………大さじ3
- 塩……………小さじ1

〈飾る具〉
- れんこん…………100g
- C ┌砂糖・酢・だし ………各大さじ1
- 　 └塩……………少々
- 卵…………………3個
- D ┌みりん…大さじ1½
- 　 └塩……………少々
- サラダ油………少々
- イクラ……………20g
- さやえんどう……10枚
- 甘酢しょうが……適量

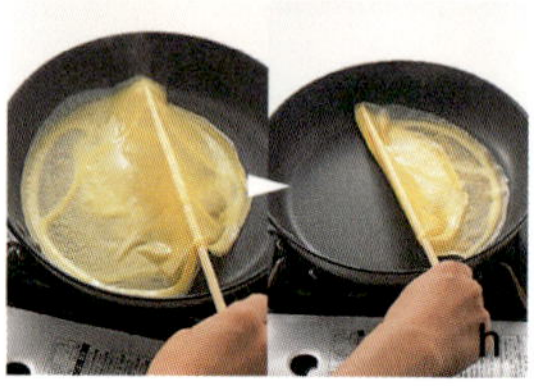

飾る具を作る

❻**れんこん**…3㎜厚さの薄切りにします。れんこんの皮をむきます(穴と穴の境に切りこみを入れ（f）、穴にそって皮をむくと花形になります)。酢水(水カップ1に酢小さじ1）につけて変色を防ぎます。Cと鍋に入れ、中火で混ぜながら1～2分煮て（g）、ざるにとります。

❼**卵**…卵とDを混ぜて1度こします。卵焼き器やフライパンに油を薄く敷き、薄焼き卵を4～5枚焼きます（h）(さい箸をさし渡して持ち上げると､裏返しやすい)。薄焼き卵を重ね、半分に切ってから、細く切ります。

❽**さやえんどう**…筋をとり､熱湯でさっとゆでます。斜めに細く切ります。

すしめしを作る

❾すし酢の材料を合わせます。手につける酢（＝手酢・酢と水を大さじ2ずつ合わせる・材料外）を用意します。

❿すし桶はぬらさずに、手酢をふきんにつけ、ふいてしめらせます。すしめしがすし桶につきにくくなります。

⓫ごはんが炊けたら、こんぶをとって、すし桶にあけます。すし酢をもう1度よく混ぜ、しゃもじに受けながら、ごはん全体に一気に回しかけます（i）。

⓬しゃもじを立てて、ごはん粒をつぶさないように、切るように大きく手早く混ぜます。

⓭うちわなどであおぎ、時々上下を返すようにしながら、蒸気をとばし、つやよくします。

具を混ぜ、飾る

⓮すしめしが、人肌（体温くらい）にさめたら、混ぜる具(ごまと煮た野菜類)を加えて底のほうから大きく混ぜます（j）。

⓯器に盛り、卵(K)、さやえんどう、れんこん、イクラの順に飾ります。しょうがも細切りにして飾ります。

飾り方は自由、季節の香りを飾ってもすてきです。木の芽なら、春のおすしに。▼

ごはんを炊く

ごはんは和食の基本。おいしく炊くコツは、炊飯器におまかせする前の時点にもあります。

■材料　４人分

米‥米用カップ２（360mℓ）

水 ………… 400～430mℓ

米をとぐ（洗う）

❶米をボールに入れます。ほかのボールに水をため、米に１度に加えてさっと混ぜ、この水はすぐに流します。

❷手のひらで米を押すようにしてとぎます。カップ２なら20～30回で充分です。水を２～３回かえてすすぎます。

❸ざるにとり、水気をきります。

水を含ませる

❹分量の水につけて、30分以上おき、米に水を含ませます（ここまでで約２割の水を含みます）。

炊く

❺**10分かけ、じっくり沸とうまで**（弱めの中火）

＊ふつうの鍋で炊けますが、厚手で深さがあり、ふたがぴったりした鍋だと、よりおいしく炊けます。写真は、中がわかるように耐熱ガラス鍋を使いました。この鍋は、火通りがムラになりやすいので、炊飯には向きません。

5分間沸とうを続ける（弱めの中火）

15分間蒸し煮にする（ごく弱火）

15分間むらす（火は止める）

❻炊きあがりの表面に、穴（かに穴）があいていたら、きちんと沸とうして蒸気が抜けた証拠。炊きあがったら、ごはんを大きく混ぜ、余分な水分をとばします。

覚えて便利なめやす

「水量は、米の容量の1.1～1.2倍」

＊無洗米の場合はカップに多く入るので、さらに５～10％水を多くします。

炊飯器

＊炊飯器は、機種によって機能する範囲が異なります。手持ちの炊飯器が米に水を含ませるところから機能するものかなどを確認しましょう。

コツ

一、米をとぐ、はじめの水はすぐ捨てる

最初の水にぬかが溶け出します。米が吸わないように、手早く流します。といでから出てくる白いにごりは、ほとんどでんぷんが溶け出したものなので、あまりていねいにすすぐ必要はありません。

二、米にまず、充分水を含ませる

炊飯の過程は、米が、米粒のまん中まで水分を吸収し、加熱ででんぷんの状態が変化して、ねばり気のあるごはんになります。炊く前に米に水を含ませることは、欠かせないポイントです。

もち米は水にじっくりつけて炊く

お赤飯

コツ

一、もち米はじっくり水につける

もち米をおいしく炊くのに大切なのは、炊く前に米に水をたっぷり吸わせること。ふつうの米=うるち米よりもずっと多く水を吸います。このあと、もち米の容量の6割の水で炊きます。米はすでにたっぷり水を吸っているので、水面から多少出ていてもだいじょうぶです。炊飯器で炊く場合、機種によっては、水につけおく時間が含まれているものもあります。炊飯器の説明書にしたがってください。

二、あずきはしぶ味をとる

アク（しぶ味）をとるために下ゆでして湯を捨てる（ゆでこぼす）ことを、「しぶきり」と呼びます。秋に収穫された豆は、古くなるほど、しぶ味が強くなります。

三、電子レンジで加熱できる理由は?

もち米とうるち米はでんぷんの構造が違います。そのため、もち米は、事前に水をたっぷり吸収できるので、短時間で加熱する電子レンジでも、でんぷんがα《アルファ》化（ごはんになる）します。一方うるち米は、充分に吸水できず、電子レンジにかけると、芯ができてしまいます。

覚えて便利なめやす

「もち米は、
　米の６割の水で炊く」

＊ただし､事前に充分水を含ませます。

■材料　３人分

もち米 ‥‥米用カップ２(360mℓ)

もち米を炊く水
（＝あずきをゆでた汁）
………………220mℓ

A ┌あずき……………30ｇ
　 └水 ………………400mℓ

＊米用カップ１は180mℓ＝１合《ごう》

〈ごま塩〉

いりごま(黒) ‥‥小さじ２

塩 ……………小さじ⅓

１人分383kcal､塩分0.6g

a

b

c

d

e

もち米を水にひたす

❶もち米は洗い、たっぷりの水につけて、充分水を含ませます（ａ）。つけおき時間のめやすは夏場は１時間、冬場は２時間。

あずきをゆで、ゆで汁をとる

❷あずきは、鍋にたっぷりの水を入れ、強火にかけます。沸とうしたら弱火で２～３分ゆで、湯を捨てます（ｂ）。これでアクが抜けます（しぶきり）。

❸あずきを鍋にもどし、Ａの水400mℓを加えて強火にかけます。沸とうしたら弱火にし､20～30分ゆでます。あずきを食べてみて、少しかたいくらいでゆであがりです。

❹あずきとゆで汁に分けます。ゆで汁はさまし､220mℓ分を計量します（たりない場合は水をたす）（ｃ）。

炊く

❺もち米をざるにあげ、水気をきります（ｄ）。

❻**炊飯器で**…炊飯器に、もち米、あずき、あずきのゆで汁を入れてざっと混ぜ（ｅ）、スイッチを入れます。

電子レンジで…大きめの耐熱容器に、もち米、あずき、ゆで汁を入れてざっと混ぜ、ふたをするかラップをふんわりとかけます。電子レンジでは、ムラができやすいので、加熱の途中で２回ほどとり出し、全体を混ぜます。加熱時間は500Wの場合、合計約16分。**８分＋４分＋４分**と、そのつど混ぜながら加熱します。ラップをしたまま１分ほどむらします。

■献立例

お赤飯

筑前煮P.8

みつばのわさびじょうゆP.75

けんちんは いためてうまし 汁の味

けんちん汁

■〝けんちん＝巻繊〟　小さく切った野菜を湯葉や油揚げなどで巻き、油で調理する中国から伝わった料理に由来します。また、鎌倉の建長寺で作られた建長汁がなまったともいわれます。

コツ

一、干ししいたけのもどし汁は利用する

うま味がたっぷり出ています。煮ものや汁ものに、ぜひ使いましょう。干ししいたけは水に約30分つけます。このとき、ひだの側を下にして水を含みやすくします。また、軽く重しをします。急ぐときは、ぬるま湯に約15分つけるとよいでしょう。

二、具は、よくいためる

鍋肌に軽くこげつくくらいまで、よくいためます。ついたこげは、うま味でもあるので、鍋肌からこそげて汁に移します。

三、アクをとる

沸とうすると、野菜や肉などから、アクがたくさん出てきます。えぐ味やにが味などがありおいしくないので、とり除きます。アクは次々出てきてきりがありません。はじめにしっかりとればよいでしょう。

■材料　4人分

もめんどうふ …………1丁(300ｇ)
とりもも肉 …………80ｇ
干ししいたけ ………3個
だいこん …………100ｇ
にんじん……………40ｇ
ごぼう …………… 50ｇ
さといも…中2個(150ｇ)
ごま油…………大さじ1

〈煮汁〉

A
- だし ………カップ3
- しいたけのもどし汁 …………カップ½

B
- 酒 …………大さじ2
- しょうゆ‥大さじ1½
- 塩………… 小さじ⅓

〈吸い口〉

ねぎ ………………10cm
七味とうがらし …少々

1人分164kcal、塩分1.6g

具の下ごしらえ

❶**干ししいたけ**…水カップ¾につけてもどします。水気を軽くしぼって軸をとり、細切りにします。もどし汁はとりおきます(a)。

だいこん・にんじん…3～4㎝長さの拍子木切りにします。

ごぼう…皮をこそげて、大きめのささがきにし、変色しないように水に2～3分さらして水気をきります。

さといも…5～6㎜厚さの輪切りまたは半月切りにします(少量なのでぬめりは気にならず、塩もみや下ゆでは不要です)。

❷**とり肉**…2㎝角に切ります。

❸**とうふ**…ふきんに包んで軽く水気をしぼります(b)。

いためて具を煮る

❹鍋にごま油を熱し､強火で①全部をよくいためます(c)。とり肉を加えてさらにいため、とうふを加えて、全体に油がなじむまでいためます(d)。

❺Aを加えます。鍋肌についた軽いこげも煮汁に落として、香ばしさを移します。煮立ったらアクをとり(e)、弱めの中火にして、ふたをずらしてのせ、12～13分煮ます。野菜がやわらかくなったら、Bで調味します。

椀によそう

❻ねぎを小口切りにします。椀に盛り、ねぎを散らして七味をふります。

■献立例

さばの塩焼きP.55
きゅうりとわかめの酢のものP.76

けんちん汁

みそ汁のみそは煮えばな煮立てない

かきたま汁

みそ汁

コツ　かきたま汁

一、とろみをつけてから、卵を加える

汁にとろみがついていると、とき卵が鍋底に沈むことなく、ふんわりと浮き上がります。

二、澄んだ汁にするために

だしが静かに沸とうしているところにとき卵を流します。すぐ混ぜると汁がにごるので、ひと呼吸して、少し固まりだしてからひと混ぜするのがコツです。また、だしが沸とうしていなくても卵液が広がって汁がにごります。

覚えて便利なめやす

「みそ汁の割合は
だしカップ1½に、みそ大さじ１強」

＊とうふのように水分が多い具のときは、みそを多くします。

かきたま汁

■材料　２人分

だし…………カップ1½
塩……………小さじ⅙
うすくちしょうゆ
……………小さじ½
A┌かたくり粉……小さじ½
　└水…………小さじ１
卵…………………１個
〈吸い口〉
　みつば………３～４本

１人分44kcal、塩分0.9g

＊吸い口とは、汁に散らすもので、香りと彩り、季節感を添えます(P.70)。ねぎ、ゆず、みょうが、ごま、七味とうがらしなど。

❶だしをとります(だしのとり方→P.5)。
❷卵を割りほぐします。みつばは２～３㎝長さに切ります。Aは合わせます。
❸鍋にだしを温め、塩、うすくちしょうゆで調味します。中火にし、沸とうした汁をまず混ぜ、そこに、水どきかたくり粉をもう１度混ぜてから加えます(a)。再度沸とうさせると、全体に軽いとろみがつきます。
❹続いて、火を弱め、静かに沸とうしている状態にします。とき卵を、さい箸を伝わせて糸状に汁に回し入れます(b)。ひと呼吸し、卵が浮かんできたらひと混ぜし、火を止めます。
❺椀によそい、みつばを散らします。

コツ　みそ汁

一、みそは煮立てない

加熱すると、みそのよい香りがとびやすいので、みそは最後に汁に加えて、火をすぐ止めます。また、煮立てると、みそのたんぱく質の粒子が大きくなって、下に沈みやすくなります。

みそ汁

■材料　２人分

だし…………カップ1½
みそ…………大さじ1強
じゃがいも……½個(80ｇ)
油揚げ……………½枚
〈吸い口〉
　ねぎ…………３～４㎝

１人分64kcal、塩分1.4g

❶だしをとります(だしのとり方→P.5)。
❷じゃがいもは４～５㎜厚さのいちょう切りにし、水にさらして水気をきります。油揚げは熱湯をかけて油抜きし、半分に切って５㎜幅に切ります。ねぎは小口切りにします。
❸鍋にだしを温め、じゃがいもを加えて(c)中火で５～６分煮ます。やわらかくなったら油揚げを加え、約１分煮ます。
❹おたまやボールにみそをとり、だしを少し入れて溶かしてから汁に入れます(d)(このとき、みその粒が気になる場合は、こし器でこします)。沸とうする直前に火を止めます。
❺椀によそい、ねぎをのせます。

切り方の用語

和食は、切り方の種類が豊富です。火を通しやすく、食べやすく、さらには見た目を美しくと、細やかに考える日本料理の特徴でしょう。大切にしたいものです。

切った形の多くは、物の形にたとえられています。今では、元の物が見かけられなくなったり、過去のものとなったりしてわかりづらくなりました。あらためて用語を整理してみましょう。

色紙《しきし》切り

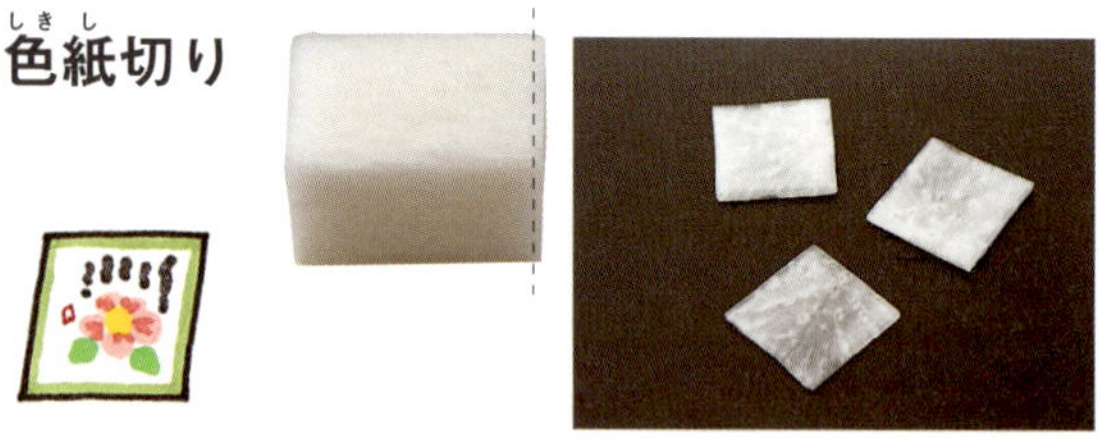

俳句やサインなどを書く正方形の紙が「色紙」。正方形で薄い形をさします。断面が正方形の棒状を、端から薄切りにします。対して長方形は「短冊」（下）。

たんざく切り

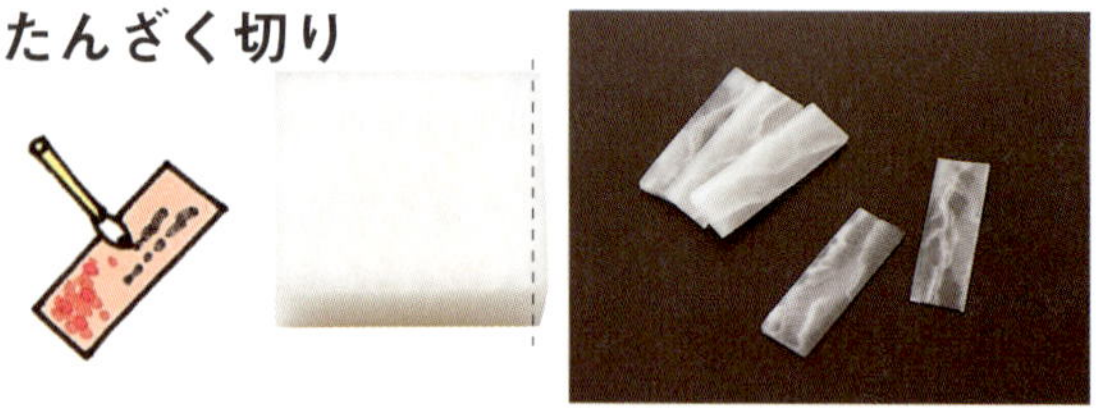

メモを書きつける細長い紙や、俳句などを書く長方形の紙が「短冊」。細長く薄い四角形をいいます。長方形の断面のものを端から薄切りにします。

くし形切り

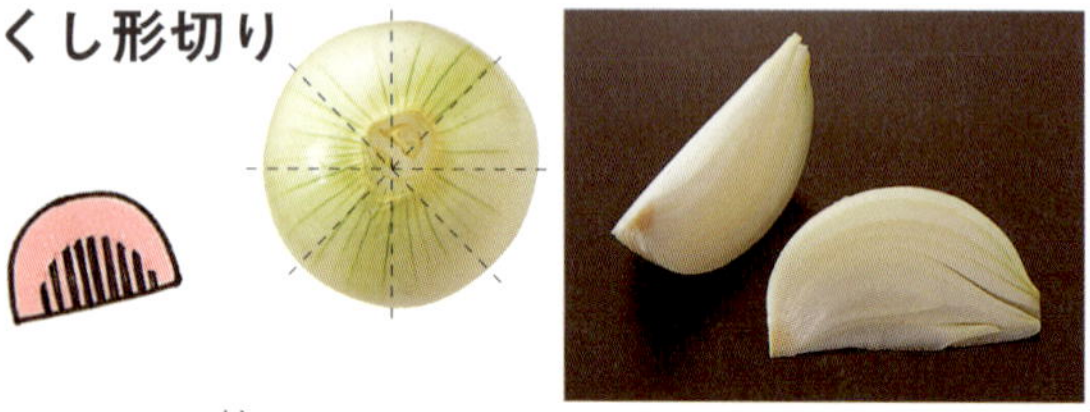

髪をとかす櫛《くし》の形。半月切りに似ていますが、こちらは丸いものを放射状に切った形。

そぎ切り

「そぐ」は先がとがるように斜めにけずること。厚みのあるものを斜めに切って薄くする目的の場合が多い。

輪《わ》切り

だいこん、にんじんなど、切り口の丸い輪の形をいかした切り方。厚さは料理によって決めます。

半月《はんげつ》切り

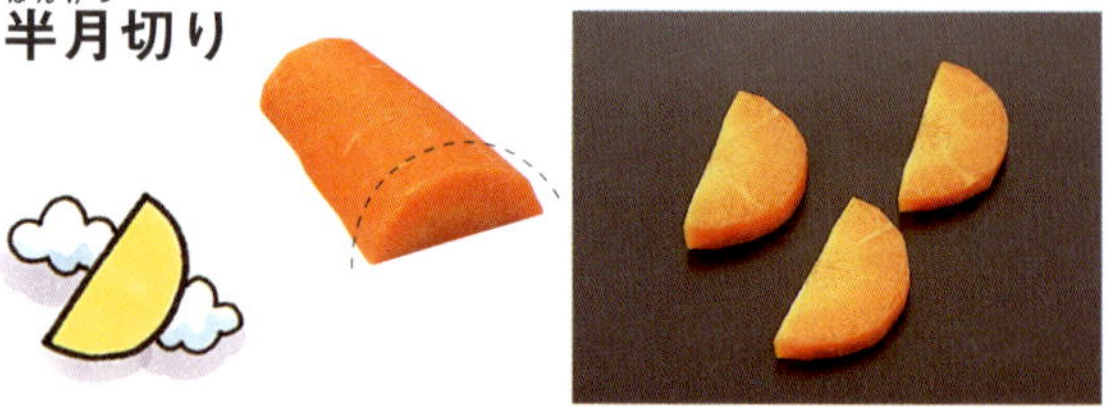

輪切りを半分にしたもの。半分の月の形。

いちょう切り

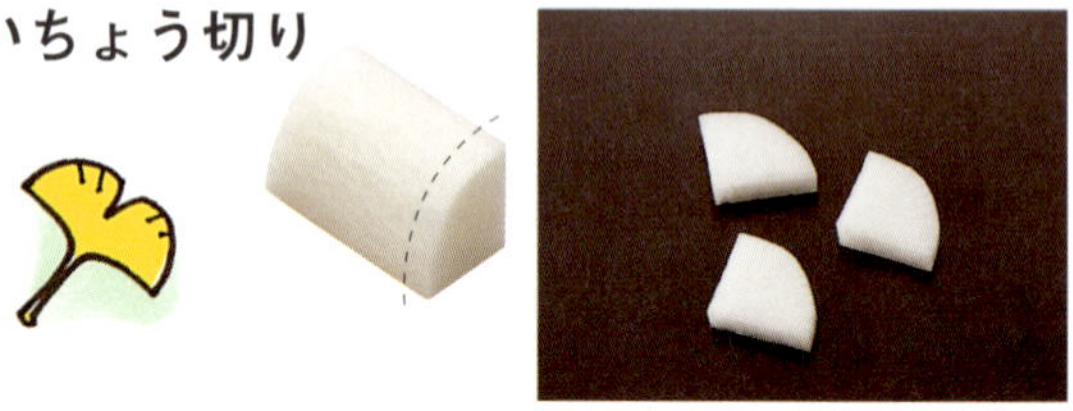

半月切りをさらに半分にしたもの。いちょうの葉の形。

さいの目切り

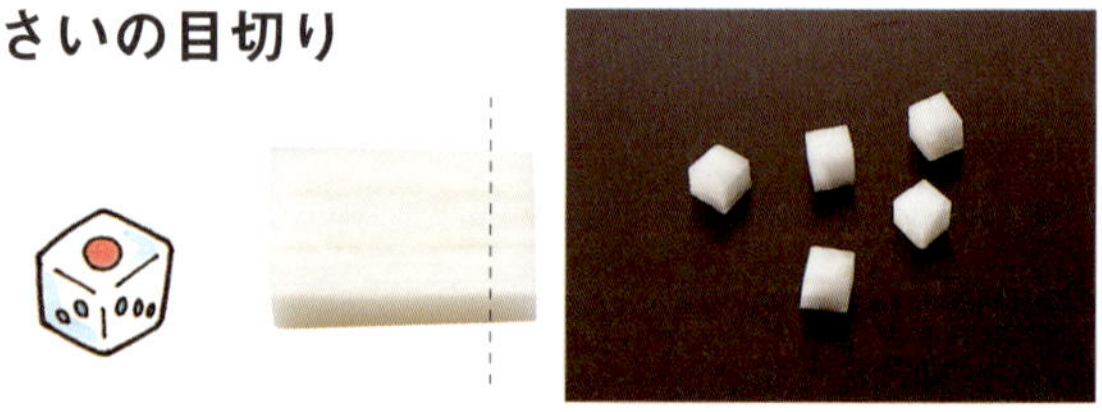

さいころ（さい）のような正六面体。1㎝角にしたいなら、1㎝角の棒状を、端から1㎝幅に切っていきます。

せん切り

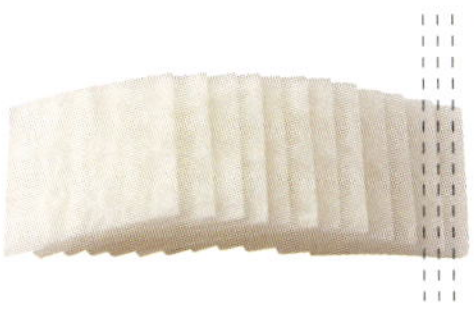

細切りよりも細く切ります。「千切り」や「繊切り」と書きます。特に、だいこんのを「**千六本**」と呼び、中国語の繊蘿蔔（せんろふ・細いだいこん）から。

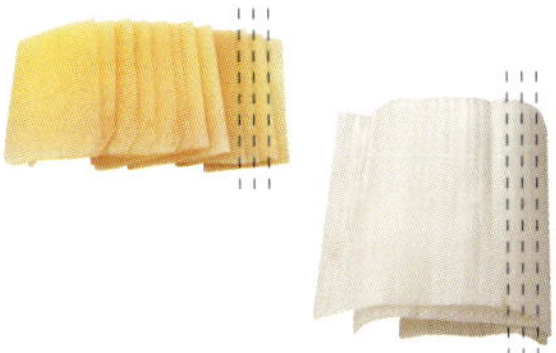

ねぎのせん切りを「**白髪《しらが》ねぎ**」、しょうがのせん切りを「**針しょうが**」と呼びます。いずれも、水にさらして水気を切ると、形が際立ちます。

みじん切り

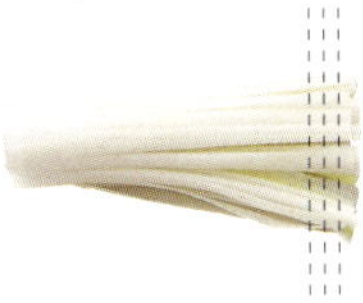

細切りやせん切りしたものの長さを、さらに細かく切った形。「木《こ》っ端《ぱ》微塵《みじん》」のみじん。少し大きめは「**粗《あら》みじん**」。粗＝大ざっぱ。

乱《らん》切り

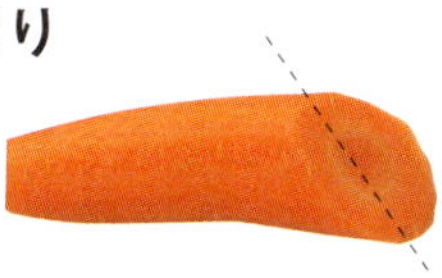

細長いもの、細長くしたものを、斜めに切っては、90度回転して切っていきます。断面積が広いかたまりに切れます。

小《こ》口《ぐち》切り

「小口」とは物の端、先のほうのこと。細長い材料を端から切るのを小口切りといいます。厚さはまちまちですが、指定がなければ、薄切りをさします。

ささがき

「笹掻」。笹の葉のように、薄く細かくけずった形。

拍《ひょう》子《し》木《ぎ》切り

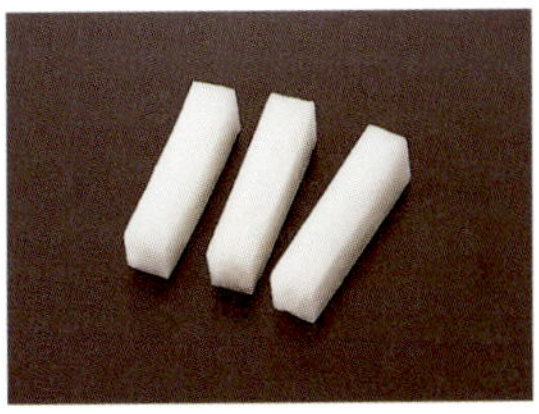

〝火の用心カチカチ〟と打ち鳴らす「拍子木」。細長く、四角い柱形。断面が長方形のものを厚めに切ります。

細《ほそ》切り

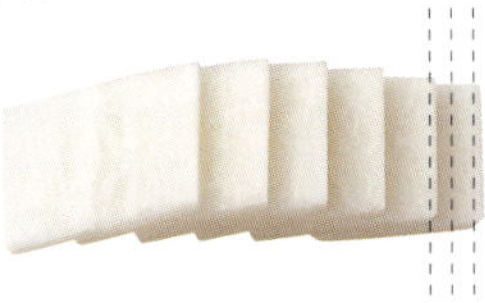

細さや長さには幅がありますが、一般的にはマッチ棒くらいがめやす。

計量と味見

おいしい料理を作るには、きちんと計量をすると失敗がありません。でも、実際には、素材や道具、火加減の違いなど、調理の条件は少しずつ異なり、味も微妙に違います。そこで欠かせないのが味見です。

【計量のしかた】

大・小さじ1

粉類…山盛りにしてから、棒状のもので表面を平らにした「すりきり」の状態

大・小さじ1

液体…縁までいっぱいに入れた状態

大・小さじ½

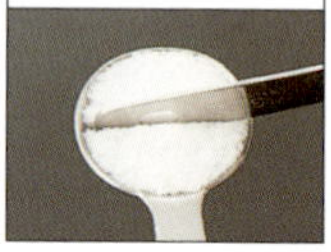

粉類…すりきりにし、2等分の線を引いて半分を除く

大・小さじ½

液体…目盛りに従います。見た目では意外と上のほうです。

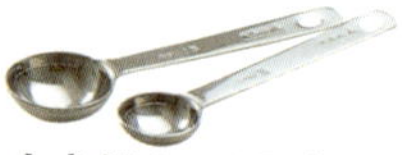

大さじ1＝15mℓ
小さじ1＝5mℓ
(ml=cc)

小さじ⅓

小さじ¼

塩 少々

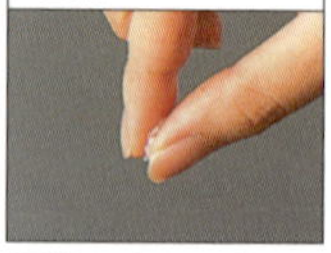

親指と人さし指でつまんだ量くらい

カップ1＝200mℓ・米用カップ1＝180mℓ

昔、尺貫法の時代には、ひと升が「1合《ごう》」。米にはこの計量単位が残っていて、炊飯器付属のカップの多くが「1カップ＝180mℓ＝1合」です。「米用カップ」と記し、通常の計量カップと区別しています。ちなみに、米用カップ1の米は約150g、無洗米だと約160gです。

【味見のしかた】

できあがった煮ものや汁を小皿に少しとり、味を確認します。

煮もの、汁ものの場合は、ほぼ仕上がるところで味を見ます。あえ衣や合わせ酢、つけ汁、かけ汁などは、あえたりかけたりする前に味を見て、たりない調味料をたしたり、だしや水で薄めたりします。

火加減のめやす 水量を表す用語

【水量を表す用語の意味】

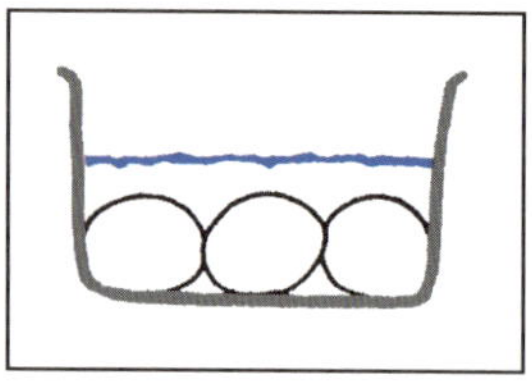

たっぷり…材料がすっかりひたっている状態。

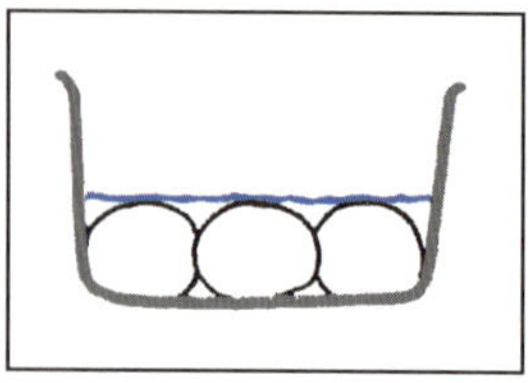

かぶるくらい…材料の頭がちょうどかくれる（＝かぶる）くらいの水量。

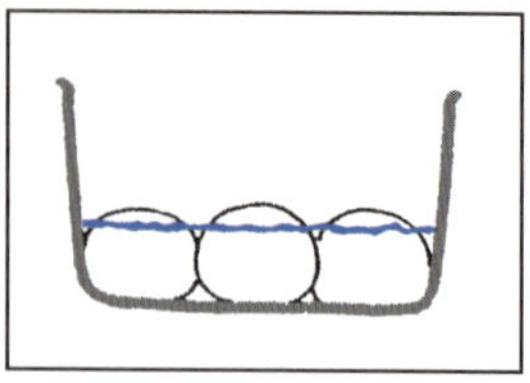

ひたひた…材料の頭が少し見えるくらい。「波がひたひたと打ち寄せる」状態のように、波に物が見えかくれするさまをめやすに。

【火加減のめやす】

強火…コンロのつまみ全開。ただし、鍋の底から炎がはみ出さない程度です。

中火…つまみは半開。炎の先が鍋にちょうどあたるくらいです。煮ものがコトコトとかすかに動いて煮える火加減です。

弱火…つまみをしぼります。煮ものなら、煮汁がフツフツとゆれて沸とうが続くくらいです。これより弱い「とろ火」もあります。

包丁を使う・とぐ

和食の調理では、よく切れる包丁が欠かせません。特に、さしみなど、切れ味は見ばえばかりか、味にもかかわってきます。正しく使い、毎日の台所仕事が終わったら、洗って必ず水気をふきとります。そして、1か月に1度はとぐ習慣をつけましょう。

　とげるのは、はがねやステンレスの包丁。セラミックの包丁はとげません。

【包丁をとぐ】

準備

＊砥《と》石は粒子の細かさによって種類があります。家庭では、「中砥」とよばれる800～1000番のものが適しています。

❶砥石をたっぷりの水に約15分つけ、泡が出なくなるまで充分水を含ませます。

❷ぬれぶきんの上に砥石を置き、水を用意して、時々砥石に水をかけます。

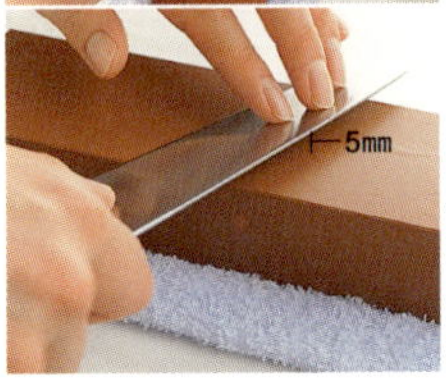

包丁の角度が大切

❸刃の厚みに角度をつけて刃の先をとがらせるので、包丁と砥石の角度が大切です。まず、砥石に対して約45度に、包丁の刃をぴったりつけて置きます。次に、ミネを約5mm浮かせます。この角度を保ったまま、④のとおりにとぎます。

3部分くらいに分けてとぐ

❹刃わたりを⅓幅に分けて、刃先のほう、中央、刃元のほうと順にといでいきます。砥石の長さをいっぱいに使って、それぞれ往復10～15回ずつとぎます。続いて裏面も同様にとぎます。

　といでいるうちに、どろどろの液が出てきますが、研磨剤になるので、洗わずにそのままとぎます。

❺柄も含め、包丁全体をよく洗います。水気をふきとります。砥石はたわしでよく洗い、乾燥させます。

【包丁を使う】

包丁の部位と用途

ごぼうの皮をこそげる

魚の内臓を出したり、しょうがを細く切る

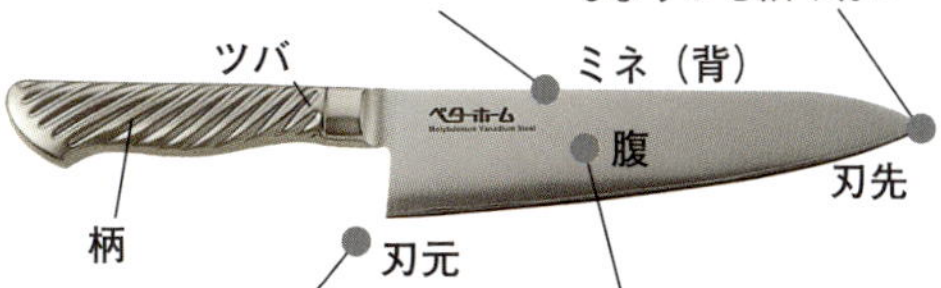

じゃがいもの芽をえぐりとる、栗の皮をむく

しょうがやねぎをつぶす

基本的な切り方

＊刃の中央を使い、向こうに押すように切ります。

＊材料を押さえる手は指を丸め、人さし指か中指の第1関節を包丁の腹にあてるようにして切ります。押さえる手をずらしながら、切る厚さを決めます。

＊皮をむくときは、親指で刃の進む方向を押さえ、すべらせるように進めます。

和の調味料

調味料は味つけ以外にも、さまざまな働きをします。本文でも説明していますが、ここにかんたんにまとめました。有効に使って、おいしい和食を作りましょう。

コツ 一、「さしすせそ」の意味は2つ

煮ものに入れる調味料の順番は、「さしすせその順」とよくいいます。「さ」は砂糖、「し」は塩、「す」は酢、「せ」はしょうゆ、「そ」はみそをさします。大きく2つのコツを覚えましょう。

①砂糖は塩（またはしょうゆ）より先に入れる（理由は下記〝塩の項目〟のとおり）。

②「すせそ」にあたる調味料の香りや酸味をきかせたいときは、揮発しやすいのであとのほうに加える。

しょうゆ

●「こいくち」は味と香りが強く、「うすくち」は色、香りが控えめ。塩分は「うすくち」のほうが少し多めです。レシピに「しょうゆ」とあるのは「こいくち」をさします。

●「うすくち」は料理を淡い色に仕上げたいとき、素材のもち味を生かしたいときに使うとよいでしょう。加熱する料理で「こいくち」の香りを生かしたい場合は、少量とりおき、最後に加えます。

酒

●「料理用酒」は塩を加えてあるものが多いので、できればふつうの「酒」をおすすめします。

●ほのかなうま味を出し、香りをつけます。

●魚などの生ぐさみを消す働きもあります。

みりん

●「みりん風調味料」は、「本みりん」に比べ、アルコール分は少なく、煮崩れ防止や消臭効果はなく、塩分が加わっているものもあるため、「本みりん」がおすすめです。

●甘味、うま味があり、照りやつやを出します。砂糖に比べてまろやかな甘さなので、淡白な味の料理によく使われます。甘さは砂糖の約1/3がめやすです。

●生ぐさみを消すので、煮魚などに向いています。

●アルコール分が多いため、味のじゃまになりそうな場合は、煮きって（→P.77）アルコール分をとばします。

みそ

●原料によって豆みそ、麦みそなどがありますが、「米みそ」がいちばん使われます。色や味、風味はさまざまです。本書では「中辛」程度を使っています。

●煮立てると風味がとび、みそのたんぱく質粒子が大きくなって、舌ざわりも悪くなります。みそ汁などは煮立てません。

●みそのたんぱく質がにおいを吸着するので、魚などのくさみをやわらげます。魚や肉をみそ漬けにすると、含まれる塩分と抗酸化物質により長くもちます。

砂糖

●「上白糖」は味にくせがなく、料理全般に使えます。「三温糖」はうま味があって、濃い味つけの煮ものによく使います。

●みりんに比べてストレートな甘味がつきます。

●水をだきこみやすい性質から、すしめしやもち菓子などのでんぷんの老化を防いで、しっとり、やわらかさを保ちます。

塩

●塩味をつける以外にも、たくさんの働きがあります（P.52・77）。

●煮もので塩や塩分を含むしょうゆを砂糖と一緒に使う場合は、砂糖を先に加えたほうが甘味がよくしみます。塩の分子が砂糖よりも小さいので、食品に先にしみこむからです。ただ、少量だったり、煮る時間が短い場合は、味にさほど違いは感じられません。同時に入れてもよいでしょう。

酢

●味にくせのない「穀物酢」をよく使うほか、米から作られコクのある「米酢」も和食に合います。

●野菜の切り口の変色を防ぐ、しょうがなどの色素を赤く反応させる、たんぱく質を固める、殺菌の働きもします。

●加熱でとびやすいので、酸味をきかせたい場合は、火からおろして加えます。

調理用語索引

和の食器

色も形も特徴ある和食器。組み合わせのハーモニーが魅力です。料理の盛りばえを考えながら、自由に楽しみましょう。

白磁▶
陶器と違い、磁器は素地が焼きしまって硬質。清涼感のある料理や、彩りの上品な料理に。

◀染め付け
青く発色する呉須《ごす》という顔料で絵つけしたもの。清潔感がありどんな料理にも合いやすい。

粉引《こひ》き▶
白い化粧土が粉を吹いたように見える。マットな質感が、素朴な料理に合い、暖かみのある印象に。

◀赤絵
赤色を中心にしたもようをほどこしたものを呼ぶ。料理に華やかさ、暖かみを添える。

黄瀬戸▶
織部《おりべ》と同様に、岐阜県の美濃で生まれた黄色の釉薬《ゆうやく》。器の形は「片口」。しょうゆや酒をつぐ器が原形で、ふつうの鉢として豊かな表情を添える。

◀織部《おりべ》
古田織部が生んだという。緑色の釉薬《ゆうやく》が特徴。斬新な柄も多く、食卓を印象的にする。

野菜

素材別料理索引

魚介類

牛肉

豚肉

とり肉

卵

とうふ・とうふ加工品

こんにゃく・練り製品

乾物・豆

海藻

ベターホームの　和食の基本

初版発行　2002年3月1日
21刷　　　2021年11月1日

編　集・発　行　　ベターホーム協会

〒150-8363
東京都渋谷区渋谷 2-20-12
〈編集〉　　　Tel.03-3407-0471
〈出版営業〉Tel.03-3407-4871
http://www.betterhome.jp

ISBN978-4-86586-007-8